essentials

essentials liefern aktuelles Wissen in konzentrierter Form. Die Essenz dessen, worauf es als „State-of-the-Art" in der gegenwärtigen Fachdiskussion oder in der Praxis ankommt. *essentials* informieren schnell, unkompliziert und verständlich

- als Einführung in ein aktuelles Thema aus Ihrem Fachgebiet
- als Einstieg in ein für Sie noch unbekanntes Themenfeld
- als Einblick, um zum Thema mitreden zu können

Die Bücher in elektronischer und gedruckter Form bringen das Fachwissen von Springerautor*innen kompakt zur Darstellung. Sie sind besonders für die Nutzung als eBook auf Tablet-PCs, eBook-Readern und Smartphones geeignet. *essentials* sind Wissensbausteine aus den Wirtschafts-, Sozial- und Geisteswissenschaften, aus Technik und Naturwissenschaften sowie aus Medizin, Psychologie und Gesundheitsberufen. Von renommierten Autor*innen aller Springer-Verlagsmarken.

Weitere Bände in der Reihe http://www.springer.com/series/13088

Levend Seyhan

Projektmanagement im Ehrenamt

Grundlagen und Tipps für freiwillig Engagierte

2. Auflage

Levend Seyhan
Frankfurt am Main, Deutschland

ISSN 2197-6708   ISSN 2197-6716   (electronic)
essentials
ISBN 978-3-658-35035-2   ISBN 978-3-658-35036-9   (eBook)
https://doi.org/10.1007/978-3-658-35036-9

Die Deutsche Nationalbibliothek verzeichnet diese Publikation in der Deutschen Nationalbibliografie; detaillierte bibliografische Daten sind im Internet über http://dnb.d-nb.de abrufbar.

Planung/Lektorat: Juliane Seyhan
Springer Gabler ist ein Imprint der eingetragenen Gesellschaft Springer Fachmedien Wiesbaden GmbH und ist ein Teil von Springer Nature.
Die Anschrift der Gesellschaft ist: Abraham-Lincoln-Str. 46, 65189 Wiesbaden, Germany

Was Sie in diesem *essential* finden können

- Eine Einführung in die Kernaufgaben des ehrenamtlichen Projektmanagements
- Die Darstellung der konzeptionellen Projektarbeit in der Praxis
- Die Vorstellung von wichtigen strategischen Instrumenten
- Hinweise zur Bedeutung des Projekts aus der Sicht der Förderer
- Tipps für den Aufbau von strategischen Partnerschaften

Vorwort

Das ehrenamtliche oder freiwillige Engagement umfasst alle Tätigkeiten, „die freiwillig und gemeinschaftsbezogen ausgeübt werden, im öffentlichen Raum stattfinden und nicht auf materiellen Gewinn ausgerichtet sind" (Fünftes Deutsches Freiwilligensurvey, 2021, S. 6). Und genau in diesem Aspekt der Freiwilligkeit liegt die Herausforderung und zugleich der Ausgangspunkt dieses Werkes. Jedes Engagement geschieht absolut *freiwillig*. Von daher sind das Maß der Verlässlichkeit, Beständigkeit und Dynamik des ehrenamtlichen Engagements stets abhängig von der Entschlossenheit der engagierten Menschen. Das macht die personellen wie zeitlichen Ressourcen unberechenbar und beeinflusst die Realisierbarkeit eines Projekts maßgeblich.

Über viele Jahre habe ich mich selbst ehrenamtlich engagiert und weiß von daher um die Anstrengungen, die ehrenamtliche Projekte von Beginn an mit sich bringen. Vor allem steht am Anfang stets die leidige Frage: Wo ansetzen? Deshalb unterstütze ich heute als freischaffender Projektberater Organisationen bei der konzeptionellen Verwirklichung ihrer Projekte.

Natürlich gibt es bereits zahlreiche Bücher zum Projektmanagement. Doch diese wenden sich in erster Linie an Berufstätige und Studierende und sind mit Blick auf die ohnehin begrenzte Zeit bei ehrenamtlich engagierten Menschen nicht in jeder Hinsicht zweckmäßig. Engagement soll nicht ins Leere laufen und bedarf Unterstützung. Deshalb habe ich dieses Buch geschrieben und hoffe, dass es all jenen, die sich ehrenamtlich engagieren, hilft und eine Richtung gibt.

Vielfach ist auch von der Professionalisierung des Ehrenamts die Rede. Zwar ist mit dem Begriff nichts anderes als die Summe aller unterstützenden Maßnahmen gemeint, und doch ist diese Formulierung nicht ganz glücklich gewählt, weil sie den Engagierten dem Wortsinn nach nicht nur Unfähigkeit unterstellt, sondern auch das eigentliche Problem verkennt: das des chronischen Zeitmangels bei den

Engagierten. Deshalb sollte die Frage aus Sicht der Förderer lauten: Was können diese über das Angebot von Fördermitteln und Informationsstellen hinaus tun, um ehrenamtlichen Teams die Projektarbeit zu erleichtern? Dieser Frage gehen bereits einige Organisationen nach und beantworten sie zum Beispiel mit der Bereitstellung von vereinfachten Förderantrags- und Nachweisformularen. Denn die erfolgreiche Projektarbeit, die vielen Menschen zugutekommt, lebt selbst von Attributen wie gegenseitiger Hilfe und des Füreinander. Ebendiesen Gedanken sollten alle in ein Projekt involvierten Stakeholder vorleben. Und darum geht es auch bei diesem Buch, nämlich die Projektarbeit vereinfachende, möglichst umfangreiche und praxistaugliche Informationen und Tipps zu liefern in einer speziell für das Ehrenamt so noch nicht existierenden Form eines Fachbuchs.

Im Unterschied zur ersten Auflage, bei der es um punktuelle Hilfestellungen ging, will diese zweite Auflage vor allem den unerfahrenen Projektinitiator*innen einen strukturierten Leitfaden bieten – vom allerersten Moment der Idee über den Projektstart bis zur erfolgreichen Projektvollendung.

Ich hoffe, dass Sie bei der Lektüre dieses *essentials* die Informationen finden, die Sie suchen.

Viel Spaß und Inspiration!

Levend Seyhan

Inhaltsverzeichnis

Über den Autor

Levend Seyhan, geboren 1978 in Wesel, lebt als Schriftsteller, freischaffender Projektberater und Business Development Manager im Rhein-Main-Gebiet. Ehrenamtliches Engagement kennt er aus eigener Erfahrung: er initiierte und organisierte erfolgreich gemeinnützige Kulturprojekte wie den Frankfurter Jugendliteraturpreis „JuLiP" oder Textland LAB und berät nebenberuflich als Projektberater Vereine, Stiftungen und gemeinnützige Organisationen.

Einleitung

1

Sinn und Zweck dieses Buchs ist nicht der Anspruch auf Vollständigkeit – wenn Sie eine umfassende Behandlung des Themas Projektmanagement suchen, empfehle ich Ihnen ein Werk, das sich dem Thema Projektmanagement im beruflichen Kontext ausführlich widmet. Einige Empfehlungen finden Sie in den Quellenangaben in diesem Buch. Vielmehr will dieses Buch eine Lücke schließen, weil es für den Bereich des Ehrenamts keine einschlägige Literatur zum Thema Projektmanagement gibt. Es will ganz einfach und in erster Linie den Fragestellungen und Grundbedürfnissen der ehrenamtlich Engagierten Rechnung tragen, denn diese haben meistens sehr wenig Zeit.

Ehrenamt genießt sowohl in der Gesellschaft als auch in der Politik einen unermesslich hohen Stellenwert. „Ehrenamtliches Engagement ist ein Grundpfeiler unserer Gesellschaft. Ohne den unermüdlichen Einsatz der vielen freiwilligen Helferinnen und Helfer wären viele Bereiche unseres öffentlichen Lebens nicht denkbar", schreibt das Bundesfinanzministerium.[1] Das Bundesministerium für Familie, Senioren, Frauen und Jugend gibt in seinem 2021 veröffentlichten Fünften Deutschen Freiwilligensurvey an, dass im Jahr 2019 39,7 % der Bevölkerung ab 14 Jahren freiwillig engagiert waren – das entsprach rund 29 Mio. Menschen.[2] Laut dem Engagementatlas von 2009 – eine der größten Studien zum Themenfeld des Bürgerschaftlichen Engagements in Deutschland – lag der volkswirtschaftliche Wert des Ehrenamts bei rund 35 Mrd. € jährlich (Generali Deutschland Holding AG & Prognos AG, Engagementatlas, 2009, S. 14). Man möchte sich nicht ausmalen, was wäre, wenn sich kaum mehr jemand engagieren würde.

---

[1] https://www.bundesfinanzministerium.de/Content/DE/Glossareintraege/E/Ehrenamt.html?view=renderHelp – Zugriffsdatum: 15.06.2021.

[2] https://www.bmfsfj.de/resource/blob/176836/7dffa0b4816c6c652fec8b9eff5450b6/frewilliges-engagement-in-deutschland-fuenfter-freiwilligensurvey-data.pdf – Zugriffsdatum: 15.06.2021.

© Springer Fachmedien Wiesbaden GmbH, ein Teil von Springer Nature 2021
L. Seyhan, *Projektmanagement im Ehrenamt*, essentials,
https://doi.org/10.1007/978-3-658-35036-9_1

Was hat sich gegenüber der Vorauflage dieses Buches geändert? Die zweite
Auflage deckt das Spektrum der Projektarbeit inhaltlich umfangreicher ab. Sie
bietet neben einem schrittweisen Leitfaden über Aufbau und Steuerung eines Projekts zahlreiche Hinweise darauf, in welcher Phase eines Projekts es auf welche
Arbeitsschwerpunkte ankommt. Das ist wichtig, denn gemeinnützige Projekte folgen selten einem Plan und leben ausschließlich von der Treue und Loyalität der
Mitwirkenden. So überfordern sich Ehrenamtliche häufig mit einem Projekt und
sind von den sich daraus ergebenden Anforderungen regelrecht erschlagen, die
ein Projekt im weiteren Verlauf mit sich bringt. Hinzu kommt die Tatsache, dass
es oft an Erfahrung, den nötigen Kenntnissen und besonders an Manpower und
Netzwerken für die Verwirklichung eines Projekts fehlt. Man vergisst bei allem
Engagement auch gerne die Verantwortung, die man den Förderern gegenüber hat,
durch welche Projekte überhaupt erst möglich werden. Dies alles und vieles mehr
führen dann dazu, dass Projekte entweder auf das Nötigste reduziert werden, was
den Projekterfolg gravierend gefährdet, oder aber den vorzeitigen Abbruch finden.

Deshalb will dieses Buch den vielen ehrenamtlich Aktiven dabei helfen, ihre
Projekte von vornherein auf ein festes Fundament zu stellen und erfolgreich
zu verwirklichen. Es richtet sich in erster Linie an Engagierte in Vereinen und
sonstigen Organisationen, die die Verwirklichung kleiner sowie großer Projekte
anstreben. Das können Literaturpreise, Straßenfeste oder Künstlermessen sein,
aber auch Tagungen, Workshops und vieles mehr. Bevor wir uns also mit Fragen der konzeptionellen und instrumentellen Projektarbeit beschäftigen, ist bereits
vorher schon die wichtige Frage zu klären, was überhaupt das zu erreichende Pro-
jektziel ist. Das ist vielen oft nicht bewusst. Die angestrebten Ziele sind zumeist
schwammig formuliert und folglich unzureichend definiert. Was wollen Sie mit
dem Projekt erreichen, wo wollen Sie damit eigentlich hin?

In den folgenden Kapiteln will das Buch auf einige Grundfragen eingehen, die
man sich idealerweise schon vor Beginn eines Projektes stellen sollte, auch vor
dem Hintergrund der nicht zu unterschätzenden Frage, was die Förderer und Partner*innen vom Projekt, insbesondere den Beteiligten erwarten. Es wird also um
freizeitadäquate Managementgrundlagen gehen, also darum, was wirklich wichtig ist und was notfalls ausgespart werden kann. Darüber hinaus sei der Hinweis
gebracht, dass ein Projekt nicht schon mit dem Moment des Projekterfolgs etwa in
Form einer finalen Veranstaltung endet. Die Nachbereitungsphase ist von immen-
ser Bedeutung und schafft Bindung und Wachstum, etabliert das Projekt in den
Köpfen der Teilnehmer*innen. Wer die Gelegenheit einer guten Nachbereitung
nicht nutzt, vergibt eine große Chance auf die erfolgreiche Fortführung eines
Projekts.

Der Anspruch

2

Wie schon erwähnt ist das Ehrenamt ein enorm weites Feld und umfasst jede Form tätiger Hilfs- und Unterstützungsleistungen. Das reicht von Geld- und Kleiderspenden über das Verteilen von Lebensmitteln und Sachgegenständen bis hin zur schulischen Betreuung von Kindern, der Unterstützung pflegebedürftiger Menschen oder der Organisation von Events aller Art. Die ehrenamtlichen Helfer*innen handeln ihren Kapazitäten entsprechend: Wer Zeit hat, wirkt mit.

Was macht aber derjenige, der für eine größere Veranstaltung verantwortlich ist? Nehmen wir an, jemand hat die Absicht, eine Veranstaltung zu organisieren und mit ihr mehrere hundert Menschen lokal oder überregional erreichen zu wollen. Auf welche Instrumente greift man am besten zurück? Wen spricht man an? Wurde an Partnerschaften gedacht? Auf welchen Plattformen soll das Event beworben werden? Genügen diese überhaupt? Braucht es dafür Geld? In welcher Höhe und wo bekommt man es her? Daran ist bereits zu sehen, dass es an einem professionellen, besser: strukturierten Projektmanagement auch im Bereich des Ehrenamts kein Vorbeikommen gibt. Das Projektmanagement bietet die nötigen Instrumente, um ein Projekt von Beginn an auf einen festen Boden zu stellen und sicher durch alle Unwägbarkeiten zu koordinieren. Gerade weil die wichtigste Ressource *Zeit* entweder sehr knapp ist oder gar fehlt, füllt das Projektmanagement ebendieses Vakuum, indem es Struktur und Sicherheit gibt und die Projektarbeit ungemein erleichtert und vereinfacht. Natürlich bedarf es im ehrenamtlichen Raum nicht des gleichen Umfangs und auch nicht aller Instrumente, wie sie im Berufsleben in Gebrauch sind. Es genügt, auf ein paar wenige, aber wesentliche Instrumente zurückzugreifen.

Bevor man aber mit den Projektplanungen beginnt, sollte man sich schon vor Projektbeginn, also bereits in der Phase der Projektidee-Entwicklung und Konzeption fragen, wohin die Reise führen, was das Projekt zum Ziel haben soll und welcher Aufwandsumfang dafür erforderlich ist. Es ist wichtig, sich vorher einen

© Springer Fachmedien Wiesbaden GmbH, ein Teil von Springer Nature 2021
L. Seyhan, *Projektmanagement im Ehrenamt*, essentials,
https://doi.org/10.1007/978-3-658-35036-9_2

Überblick über die Voraussetzungen, die das Projekt mitbringen könnte, zu verschaffen. Diese Voraussetzungen wiederum hängen davon ab, welchen Anspruch man an das Projekt und damit auch an sich selbst und das Projektteam hat. Häufig werden die eigenen Möglichkeiten überschätzt. Das führt dann dazu, dass man wahllos ein paar Leute zusammentrommelt, sich bei irgendeiner Gelegenheit an einen gemeinsamen Tisch setzt, ein paar Aufgaben bespricht und kurzerhand festlegt, wer die Aufgaben erledigt. Findet dann ein Nachtreffen (meistens ist es die nächste Vereinssitzung) statt, so ist die Besprechung in der Regel kurz, weil die Aufgaben wie so oft vernachlässigt und vergessen wurden. Herzblut allein genügt nicht. „Wo ein Wille, da ein Weg" mag grundsätzlich richtig sein, aber wenn der Weg beziehungsweise die Reise zuvor nicht in ihren Grundzügen durchdacht und damit strukturiert vorbereitet wurde, dann irrt man schnell umher und neigt rasch zur Aufgabe. Das Herzblut ist zweifellos die wichtigste Voraussetzung bei ehrenamtlichen Projekten. Sie ist aber auch wieder nur die allererste in einer ganzen Reihe von Voraussetzungen für ein Projekterfolg. Nichts ist richtig versucht, wenn es vorher nicht gründlich durchdacht wurde.

▶   Überlegen Sie sich gut, welchen Anspruch Sie an das Projekt, sich selbst und das Projektteam haben. Wie groß soll das Projekt sein? Wer soll alles erreicht werden? Wer sollen die Partner und Förderer sein? Und noch viele solcher Fragen sind zu klären, bevor die erste Planung Sinn macht. Davon hängt der Projektumfang und folglich die Realisierbarkeit des Projekts wesentlich ab.

Die Projektidee 3

Nach Klärung des Anspruchs (Kap. 2) sollte die Projektidee anschließend auf Grundlage der aktuell vorliegenden Ressourcen finanzieller, personeller und zeitlicher Art hinterfragt werden. Eine originelle Idee ist wichtig, gar keine Frage. Aber gelingt es nicht, sie umzusetzen, dann ist sie wertlos.

Eine Projektidee hat oftmals das Ziel, ein gesellschaftliches Problem zu lösen. Dieses muss nicht zwangsläufig originell sein, vielmehr muss sie überzeugen. Sie überzeugt, wenn sie eine gesellschaftlich relevante Bedeutung hat. Ein Beispiel kann etwa ein Missstand sein, dem entgegengewirkt werden soll, weil er mit alltäglichen Mitteln nicht zu beseitigen ist.

Allerdings ist auch die ehrenamtliche Projektarbeit äußeren Einflussfaktoren, also einem Wettbewerb unterworfen. Denn es herrscht ein Überangebot an Projekten, die sich im Wettstreit um begrenzte Fördermittel befinden. Am Ende bekommt jenes Projekt den Zuschlag für die erhoffte Förderung, das am ehesten überzeugt. Ein gewisses Alleinstellungsmerkmal ist also unabdingbar. Ein solches kann über die Projektwürdigkeit einer Idee maßgeblich entscheiden. Insofern schadet es nicht, sich im Vorfeld einer Konkurrenzanalyse ausgehend von der Frage „Wer sind die Mitbewerber und was machen diese ähnlich/anders?" einen Überblick über die Konkurrenz zu verschaffen.

Bei der Ideensuche spielen die nachfolgenden Aspekte eine wichtige Rolle. Eine Projektidee sollte eine breite Wirkung entfalten, das macht es attraktiv. Ob und wie attraktiv ein Projekt ist, hängt von Ihrer konzeptionellen Ausgestaltung ab, das macht es einzigartig. Deshalb empfiehlt es sich, über die Ausgestaltung des Projekts wesentliche Vorüberlegungen anzustellen. Dabei beginnt jede Planung mit der Zielsetzung. Hier bietet sich das aus dem Marketing bekannte Instrument der Zielgruppenanalyse an. Im Rahmen dieser geht es darum, die Bedürfnisse und Erwartungen der Zielgruppe zu erkennen und zu erfüllen.

© Springer Fachmedien Wiesbaden GmbH, ein Teil von Springer Nature 2021   5
L. Seyhan, *Projektmanagement im Ehrenamt*, essentials,
https://doi.org/10.1007/978-3-658-35036-9_3

Die Zielgruppe mit ihren Bedürfnissen und Erwartungen wird über eine Eingrenzung anhand von bestimmten Merkmalen wie zum Beispiel Wohnort, Alter, Geschlecht, Familienstand, Berufsgruppe, Bildung, Religion oder Nationalität identifiziert. Es sind dabei noch viele weitere denkbar, nur ist es wichtig, dass ausschließlich die für das Projekt maßgeblichen Merkmale, und von diesen so viele wie möglich gefunden werden. In die Analyse fließen darüber hinaus noch verhaltenstypische Muster sowie Einstellungen und Werte ein. Wenn am Ende alle Eigenschaften der Zielgruppe feststehen, wird abschließend ein aussagekräftiges Profil eines typischen Vertreters der Zielgruppe entworfen. Ob dann zusätzlich noch eine kleine Marktforschung innerhalb der Zielgruppe durchgeführt werden soll, um die Erkenntnisse aus der Zielgruppendefinition und -analyse zu bestätigen, hängt – vom Knowhow einmal abgesehen – davon ab, wie viel Zeit gegeben ist und wie aufwändig die Analyse gestaltet werden soll. In der Regel wird der Schwerpunkt der Projektarbeit darin liegen, das Projekt in der gegebenen Zeit auf die Beine zu stellen.

Ist schließlich eine Idee gefunden, dann gilt es diese auszuarbeiten. Hierzu gibt es verschiedene Kreativitätstechniken wie etwa die Metaplan-Technik oder das Brainstorming, auf die dieses Buch nicht weiter eingehen will. Eine gute Übersicht dieser finden sich bei Klein (2010, S. 46 ff.) und bei Klose (2008, S. 109 ff.).

Steht die Idee, bietet sich die in der Vermarktung übliche SWOT-Analyse an, bei der es um die Machbarkeit des Projekts geht. SWOT steht für Strengths (Stärken), Weaknesses (Schwächen), Opportunities (Möglichkeiten/Chancen) und Threats (Gefahren/Risiken) (s. dazu auch Sieck & Goldmann, 2014, S. 62). „Die SWOT-Analyse gibt über eine interne Analyse der Stärken und Schwächen sowie über eine externe Analyse der Möglichkeiten und Risiken einen umfassenden Überblick darüber, wie sich eine Organisation am Markt positionieren kann und an welchen Themen diese Organisation gegebenenfalls noch konstruktiv arbeiten muss" (Schawel & Billing, 2018, S. 331). Deshalb sollte jedes Projektteam zunächst darauf schauen, ob es in dessen Bereich und Einflussgebiet andere ähnliche Projekte gibt. Wenn das der Fall ist, kann es vonnöten sein, an der Idee zu feilen, um die Ablehnung eines Fördermittelantrags bei ein und denselben Förderern zu vermeiden.

Wurden schließlich alle vorerwähnten Hindernisse aus dem Weg geräumt, geht es im nächsten Schritt um die konzeptionelle Vorarbeit. Der Umfang dieser Vorarbeit hängt vom Auslöser für die Idee ab. Geht es bei der Idee darum, Fördermittel zum Beispiel über ein Förderprogramm der Bundes- oder Landesregierung einzuwerben, dann ist ein Rahmen von Zielen und Voraussetzungen bereits vorgegeben. Das Konzept muss diese erfüllen, die Richtung ist klar. Beruht aber die Idee auf der Eigeninitiative der Engagierten, dann sind alle relevanten Fragen in einer nachfolgenden Definitionsphase zu klären. Dazu gehören die möglichst konkrete Formulierung der Problemstellung und eine erste grobe Bestimmung der Ziele sowie Rahmenbedingungen für das Projekt. Die Rahmenbedingungen umfassen die grobe Finanzierung, die Festlegung von ersten Aufgaben, ein erstes Kommunikationskonzept inklusive Spielregeln für das Team sowie einen Ablauf mit grobem Zeitplan wie Fristen, einem ersten groben Meilensteinplan mit erwarteten Zwischenergebnissen und schließlich einer ersten groben Planung und Bereitstellung von Ressourcen. Meilensteine sind für das Projekt wesentliche, vordefinierte „Ereignisse von besonderer Bedeutung" (Klose, 2008, S. 47). Der Eintritt oder Nichteintritt dieser Zwischenziele entscheidet über den Fortlauf des Projekts. Ziel ist es also, die Idee in einem ersten Schritt zur konzeptionellen Reife zu führen.

In dieser Vorphase können auch schon erste Verantwortlichkeiten verteilt und eine erste Teamstruktur mit den wichtigsten Rollen bestimmt werden. Durch eine Beschreibung der Aufgaben, Kompetenzen, des Umfangs der Verantwortung sowie der Erwartung an das Rollenverhalten auf Grundlage von Normen und Werten, die im Rahmen des oben erwähnten Kommunikationskonzepts – die Spielregeln – festgelegt werden, wird die jeweilige Rolle definiert. Gerade kleinen Vereinen mangelt es oft an personellen Ressourcen, sodass anfallende Aufgaben von Vorstands- und Nichtvorstandsmitgliedern ohne klare Rollenbestimmung wechselseitig erfüllt werden. Mangelhaftes Rollenverständnis und eine unklare Aufgabenverteilung können dazu führen, dass Leistungspotenziale bei der Projektrealisierung zum einen nicht ausgeschöpft werden, teaminterne Probleme zum anderen durch Rollenkonflikte entstehen können, die das Projekt unter Umständen zum Scheitern bringen. In der Regel sind aber die Projektleitung sowie die wichtigsten Rollen gleich zu Beginn festgelegt. „Häufig bilden sich für die unterschiedlichen Funktionen und Aufgaben einer Gruppe spezialisierte Teammitglieder heraus, die entsprechende Rollen gleich übernehmen" (Golinsky, 2020, S. 165), weil etwa die jeweiligen Personen bereits im Berufsalltag in der Ausübung ebenjener Aufgaben geübt sind.

Wovon in jedem Fall abzuraten ist, dass irgendwo auf gut Glück ein Förderantrag gestellt wird, um an die Fördersumme zu gelangen, ohne dabei eine konkrete Idee zu haben. Die wird nämlich erst dann irgendwie zusammengeschustert und so formuliert, dass es zu den geforderten Bedingungen halbwegs passt. Sich dann erst an das Konzept zu machen und mit den konzeptionellen Schwierigkeiten auseinanderzusetzen, kann jedes Projektteam schnell in den Umstand einer Rechtfertigungsnot bringen mit der Folge, dass die Fördersumme kurzerhand zurückgefordert wird. Dort braucht man dann keinen Antrag mehr einzureichen.

Insgesamt stellt sich also mit der Frage der Projektwürdigkeit einer Idee auf Basis von Einschätzungen die grundsätzliche Frage nach der (zeitlichen und wirtschaftlichen) Realisierbarkeit des Projekts. Hier fällt die Entscheidung darüber, ob das Projekt fortgeführt oder bereits an dieser Stelle abgebrochen wird.

▶ In der freien Wirtschaft spricht man heute gerne von sogenannten Ökosystemen. Dieser Gedanke kann auch im ehrenamtlichen Raum von Bedeutung sein, denn warum nur von der Schreibförderung reden, wenn das Projekt zugleich die Sprach- und Leseförderung miteinbezieht? So holen Sie möglichst viele Stakeholder ab und schaffen damit ein Fundament, das Ihr Projekt unentbehrlich macht. Schaffen Sie etwas, das nachhaltig wirkungsvoll, geradezu unverzichtbar ist.

Die Projektorganisation

4

Innerhalb der Projektorganisation geht es um die Bildung eines Projektteams. Ziel ist es nicht, gleich das komplette Team aufzustellen, da zu diesem Zeitpunkt nicht immer klar ist, was das Projekt alles erfordert. Deshalb ist zu Beginn der Fokus auf die Bildung eines Kernteams gerichtet, das die wichtigsten Rollen und die mit ihr einhergehenden Aufgaben abdeckt und eine erste grundlegende Ressourcen- und Zeitplanung vorsieht. Spätestens in der Projektplanung (Kap. 6) werden die weiteren Rollen und Aufgaben näher bestimmt, die für die Projektumsetzung benötigt werden.

4.1 Projektkernteam

Gerade im ehrenamtlichen Raum ist die Suche nach den richtigen Mitstreitern Glückssache. Zwar lebt ein ehrenamtliches Projekt von der Leidenschaft der Beteiligten, aber geht es dann ans Eingemachte, springen häufig einige wieder ab, weil der Umfang der Projektarbeit nicht mehr in Einklang zu bringen ist mit Familien- oder Berufspflichten. Oft wird den meisten Engagierten erst im Verlauf des Projekts klar, wohin die Reise führt und was das alles mit sich bringt. Deshalb ist es wichtig, die „Grundregeln der Projektteambildung, der Projektführung sowie der Projektsteuerung und des -controllings zu beachten, um zu gewährleisten, dass dieses auch wirklich erfolgreich durchgeführt werden kann und nicht in Zwist und Streit endet" (Klein, 2010, S. 63).

Für die Bildung eines Kernteams empfiehlt sich die aus dem Recruiting bekannte Methode des *Matching* (Deutsch: „Volltreffer"). Einer Person wird entsprechend ihrer Fähigkeiten und Qualifikationen eine feste Aufgabe zugeteilt (siehe auch Seyhan, 2021, S. 23). In einem solchen Fall kann die ausschließlich

© Springer Fachmedien Wiesbaden GmbH, ein Teil von Springer Nature 2021
L. Seyhan, *Projektmanagement im Ehrenamt*, essentials,
https://doi.org/10.1007/978-3-658-35036-9_4

mit dieser Rolle und Aufgabe betraute Person ihren Aufgabenbereich dann konsequent aufbauen und professionalisieren. Inwieweit eine Person für die betreffende Aufgabe in Betracht kommt, hängt nicht nur vom Grad ihrer Eignung ab, sondern auch davon, wie klar die Rolle definiert ist: Je detaillierter die Rolle beschrieben wird, desto einfacher ist es, geeignete Mitstreiter*innen zu finden. Ein weiterer Anhaltspunkt kann außerdem das klar zum Ausdruck gebrachte Interesse eines Kandidaten beziehungsweise einer Kandidatin für eine bestimmte Rolle sein, weil diese Person mit der Rolle unter Umständen bereits beruflich, durchs Studium oder die Mitwirkung in ähnlichen Projekten vertraut sein könnte.

Alternativ zum Matching kann aber auch vom sogenannten *Rotationsprinzip* Gebrauch gemacht werden, bei dem es sich um eine Variante der aus dem Personalwesen bekannten *Job Rotation* handelt. Hier nehmen Engagierte entweder im Wechsel oder für eine bestimmte Zeitdauer unterschiedliche Rollen ein. Es muss also nicht zwingend darauf geachtet werden, ob sich die Person für die jeweilige Rolle ohne jeden Zweifel eignet. Der Vorteil: fällt jemand aus, kann jemand anderes problemlos einspringen. Allerdings werden die Aufgaben oft nicht konsequent verfolgt oder nur mangelhaft erfüllt (siehe auch Seyhan, 2021, S. 23). Deshalb macht das Rotationsprinzip oftmals nur Sinn, wenn es um die Erfüllung alltäglicher, kleinerer Aufgaben geht. Diese könnten in einer regelmäßig aktualisierten Liste geführt und von allen gleichermaßen abgearbeitet werden.

Gelingt es schließlich, ein Kernteam zu bilden, so ist es die Aufgabe der bereits von Beginn an feststehenden oder erst vom Kernteam bestimmten Projektleitung, „als Moderator für eine Atmosphäre der Offenheit und gleichberechtigten Diskussionen zu sorgen" (Klein, 2010, S. 55). Denn an ehrenamtlichen Projekten sind sehr oft ganz unterschiedliche Charaktere beteiligt. Deshalb ist „Engagement nicht immer konfliktfrei. Es bewegt sich immer in einem Gefüge aus individuellen und kollektiven Werten, Normen und Interessen, die unter Umständen auch in Konkurrenz zueinander treten" (BMFSFJ, Dritter Engagementbericht, S. 46). „Im Durchschnitt nennen die Beteiligten gleich sechs bis sieben vorrangige Gründe für ihr Engagement und weitere sieben bis acht, die zusätzlich eine Rolle spielen" (Institut für Demoskopie Allensbach, Motive bürgerschaftlichen Engagements, S. 13).

Aus diesen Gründen ist eine offene und faire Kommunikation für eine vertrauensvolle Zusammenarbeit im Team von größter Wichtigkeit. Wenn später auch noch Teammitglieder abspringen und dadurch Engpässe in den personellen Ressourcen die Situation im Team verschärfen, wird eine vertrauensvolle Atmosphäre, in welcher sich der eine auf den anderen verlassen und darauf vertrauen können muss, dass getroffene Absprachen eingehalten und Aufgaben erfüllt werden, noch wichtiger. „Erfolgreiche Teams zeichnen sich durch offene, ehrliche

Kommunikation und Interaktion aus" (Klein, 2010, S. 65), damit ein Projekt auch als Gemeinschaftsprojekt wahrgenommen wird.

4.2 Organisationsform

Auf die Frage, wie ein Projektteam im ehrenamtlichen Raum organisiert sein sollte, gibt es keine klare Antwort. Die optimale Lösung im Sinne einer idealen Organisationsstruktur existiert nicht, denn die Dynamik in der Projektarbeit hängt zu sehr von der zeitlichen Flexibilität sowie dem Können, der Motivation und den Interessen jedes einzelnen Teammitgliedes ab, oder anders gewendet: der Projekterfolg hängt von einer intakten sozialen Beziehung aller Projektmitglieder untereinander ab. „Für diese Beziehungsarbeit muss die Projektleitung besonders fähig sein" (Kuster et al., 2019, S. 385).

Es gibt jedoch viele Möglichkeiten, an den Beziehungen zu arbeiten und sie zu gestalten. Deshalb gibt es nicht *die* Organisationsform für alle vereinsinternen wie vereinsunabhängigen Teams. Es liegt vielmehr an den Projektbeteiligten, „für sich selbst eine Aufbauorganisation zu finden, die ihren Möglichkeiten und Bedürfnissen in möglichst hohem Maße entspricht" (Klein, 2010, S. 106), und die Aufgaben so zu verteilen, dass die Projektkoordination mit all ihren Erfordernissen und Zuständigkeiten für jedes Teammitglied geklärt ist.

Oft ist es so, dass gerade im Ehrenamt „Rollen unklar definiert und abgegrenzt werden, oder sogar fehlen." (Kuster et al., 2019, S. 109). Rollen sollten klar definiert werden. Das gilt auch für Mehrfachrollen, die im ehrenamtlichen Raum nicht unüblich sind. Deshalb ist die beginnende Projektarbeit zugleich der Beginn einer Beziehungsarbeit zwischen der Projektleitung und den Teammitgliedern. Sie ist eine wichtige Voraussetzung für den Projekterfolg.

Eine andere Voraussetzung für den Erfolg eines Projekts ist die Teamgröße. Denn „je schlanker die Projektorganisation ist, desto größer sind die Erfolgschancen für das Projekt" (Drees et al., 2014, S. 13), weil dadurch der kommunikative Austausch kurze Wege hat und die Abhängigkeiten überschaubar bleiben. Die zu bewältigenden Aufgaben sollten von daher in so wenigen Händen wie möglich sein. Zu denken wäre etwa an ein Projektkernteam bestehend aus drei bis vier Köpfen, welche die Verantwortung für ihre jeweiligen Aufgabenbereiche tragen. Für jeden Aufgabenbereich organisiert der jeweils Verantwortliche Sub-Teams, die ihrerseits eigenverantwortlich agieren. Auch hier gilt es, die Sub-Teams im Interesse einer effizienten Projektarbeit aus möglichst wenigen Personen zusammenzusetzen.

4.3   Projektleitung

Die Projektleitung ist die zentrale Rolle in einem Projekt. Sie verantwortet den Erfolg und Misserfolg des Projekts und steht dafür mit ihrem Namen ein. Dementsprechend ist sie die erste Ansprechperson und das Gesicht des Projekts. Ihr obliegen die Projektplanung, -organisation und -kontrolle, die Moderation, Information und Kommunikation nach außen und innen, und schließlich die Projektsteuerung sowie das Krisenmanagement. Eine verbindliche Aufgabenteilung bis ins Detail herzustellen, ist hierbei die größte Herausforderung, weil es die privaten Lebensumstände der einzelnen Projektbeteiligten, die sich freiwillig einbringen, zu berücksichtigen gilt. Eine gute Übersicht über die Aufgaben eines Projektleiters findet sich beispielsweise bei Klein (2010, S. 70 f.).

> Mit Blick auf die Projektorganisation empfiehlt sich sehr, dass das Projektteam gerade am Anfang schlank gehalten wird, erste Aufgaben grob bestimmt, grundsätzliche Abläufe und Rollen bereits hier festgelegt, eine Projektleitung – sofern es diese als Initiator*in nicht schon gibt – bestimmt und schließlich Spielregeln für die Zusammenarbeit im Team, welche eine gute und gesunde Vertrauens-, Fehler- und Kommunikationskultur schaffen, aufgestellt werden. Hierdurch werden überhaupt erst Verantwortungsbewusstsein, Ehrlichkeit und Offenheit gefördert, die eine erfolgreiche Projektteamarbeit möglich machen. Nehmen Sie sich deshalb genügend Zeit für die Suche nach geeigneten Mitstreitern, die nicht nur Leidenschaft für die Sache, sondern auch Ausdauer haben.

Die Projektvorbereitung

5

Nach der Projektorganisation geht es in die Phase der Projektvorbereitung, in der die anfängliche Projektidee weiter geschliffen wird und so eine Kontur bekommt.

5.1 Projektanalyse

Durch eine gründliche Projektanalyse, welche „verbindliche Aussagen zu Machbarkeit, Risiken und Nutzen" enthält, bekommt die Idee die richtige Weichenstellung (Kuster et al., 2019, S. 74), das heißt: im Zuge einer gründlichen Vorbereitung wird das Problem, welches mit dem Projekt gelöst werden soll, genau umrissen. Danach werden die in der Ideenphase grob formulierten Ziele weiter präzisiert, die Projektziele also exakt bestimmt, da diese die Projektrisiken überhaupt erst kalkulierbar machen. Im Anschluss wird eine Machbarkeits-Lösung mit Handlungsvarianten erarbeitet. Wird eine Projektanalyse wie eben beschrieben nicht vorgenommen, können infolge einer ungenügenden oder falschen Projektanalyse „Probleme auftreten, die auch bei intensiver Nacharbeit im weiteren Projektablauf nicht mehr ganz zu bereinigen sind" (Klose, 2008, S. 19).

5.2 Projektmethoden

An die Projektanalyse knüpft die Frage an, wie der Projektplan umzusetzen ist. Das wiederum hängt von der Projektmethode ab. Es gibt mittlerweile in verschiedenen Branchen für ganz unterschiedliche Projektbedürfnisse eine Vielzahl von Projektmethoden.

Klassisch ist die sogenannte Wasserfall-Methode, bei der es darum geht, Aufgaben(-bereiche) bestimmten Personen fest zuzuordnen, welche dann die im

© Springer Fachmedien Wiesbaden GmbH, ein Teil von Springer Nature 2021 13
L. Seyhan, *Projektmanagement im Ehrenamt*, essentials,
https://doi.org/10.1007/978-3-658-35036-9_5

jeweiligen Bereich anfallenden Einzelaufgaben nacheinander wegarbeiten. Demgegenüber gibt es eine Vielzahl agiler Projektmanagementmethoden zum Beispiel in Gestalt von Scrum oder Kanban, die sich derweil auch im Kultur- beziehungsweise ehrenamtlichen Raum zunehmender Beliebtheit erfreuen. Dabei ist jedoch zu beachten, dass „agiles Projektmanagement ein Sammelbegriff für unterschiedliche Projektmanagementkonzepte" ist (Bemmé, 2020, S. 123) und „bewegliches, flinkes, prozesshaftes, reflexives, lernendes Vorgehen" bedeutet (Kuster et al., 2019, S. 19). Damit rückt in der Projektarbeit das intuitive Lösungsverhalten der Projektbeteiligten in den Vordergrund, bürokratische Abläufe hingegen treten in den Hintergrund, man verlässt sich weniger auf einen im Vorfeld bis ins Detail gefertigten Plan.[1]

Inwieweit ein flinkes und reflexives Vorgehen in der Projektarbeit von Vereinen relevant ist, hängt zum einen vom Umfang der Projektarbeit ab, die nur ein einzelnes Projekt oder eine Vielzahl parallel laufender Projekte umfassen kann, zum anderen aber auch von der Kenntnis und der Erfahrung der Projektbeteiligten im Umgang mit agilen Methoden. Natürlich kann ein anfänglich kleines Projekt über die Jahre an Komplexität hinzugewinnen. In einem solchen Fall wäre die bis zu diesem Zeitpunkt ausgeübte Projektarbeit nach dem klassischen Wasserfall-Modell zu überdenken, sie müsste unter Umständen zugunsten einer agilen Variante weichen. Insofern ist es eine Frage des Einzelfalls, welche Methode sich am besten eignet, doch soll sie in keiner Weise darüber hinwegtäuschen, dass die klassische Wasserfall-Methode für die meisten Projekte ausreicht.

Deshalb folgt dieses Buch der klassischen Vorgehensvariante, denn die gemeinnützige Projektarbeit von Vereinen ist selten so komplex, dass es einer agilen Methode überhaupt erst bedarf.

---

[1]Hierzu ergänzend die Grundsätze des Manifests für Agile Softwareentwicklung von 2001: https://agilemanifesto.org/iso/de/manifesto.html, Zugriffsdatum: 15.06.2021.

Die Projektplanung 6

Wie detailliert ein Projekt geplant sein muss, hängt einerseits von der Größe des Projekts, andererseits vom Erfahrungswert des Projektteams sowie dem Routinecharakter bestimmter Aufgaben ab.

In der Regel sollte ein Projekt so detailliert geplant werden, dass keine Fragen offen bleiben und Zweifel am Projekterfolg entstehen können. Eine gute Planung gibt allen am Projekt Beteiligten die nötige Orientierung im Projektverlauf. Ohne Planung und Struktur ist es so, als würde man auf hoher See ohne Navigation treiben. Und wenn dann auch noch zwischenzeitliche Ergebnisse und Erfolge ausbleiben, dann wird es für die Projektleitung schwer, den anfänglichen Optimismus aufrechtzuerhalten oder gar wiederherzustellen. Und weil der Großteil der ehrenamtlich Engagierten nur wenig Zeit mitbringt, kann das Team schnell zerfallen, was wiederum den Frust bei den übrigen Teammitgliedern nährt, die dann möglicherweise mit einem Abbruch eines Projekts liebäugeln.

Bei der Planung eines Projekts orientiert sich die Projektleitung an den drei Messgrößen Zeit, Kosten und Qualität, die jeweils abhängig voneinander sind. Mithilfe dieser überprüft die Projektleitung den Erfolgsstatus des Projekts während der Projektverwirklichung. Zeigen die aktuellen Projektergebnisse im Projektverlauf, dass die gewünschten Ziele nicht erreicht werden können, muss die Projektleitung reagieren und einen Alternativplan entwerfen. Jede Änderung bei einer dieser Größen hat Folgen für die beiden anderen. Ist beispielsweise beim Budget zu kurz geplant worden, sodass es Auswirkungen aufs Marketing hat, dann muss die ursprünglich fürs Marketing vorgesehene Zeit in die Pressearbeit gesteckt werden. Bleibt insgesamt weniger Zeit bei der Erfüllung aller geplanten Aufgaben, so ist infolge einer Priorisierung gegebenenfalls auf manche Aufgaben zu verzichten. Gleiches gilt bei personellen Engpässen.

© Springer Fachmedien Wiesbaden GmbH, ein Teil von Springer Nature 2021
L. Seyhan, *Projektmanagement im Ehrenamt*, essentials,
https://doi.org/10.1007/978-3-658-35036-9_6

▶ Bedenken Sie: Es geht nicht immer alles irgendwie gut. Planen Sie
  deshalb möglichst realistisch, aber lassen noch genügend Raum für
  Flexibilität und Improvisation für den Fall, dass im Zuge des Projektcontrollings (Abschn. 8.2) eine Änderung oder Anpassung des Projekts
  nötig wird.

6.1   Projektkonzeption

Zur Projektplanung gehört allem voran ein vollumfängliches Konzept, das als aus-
führungsreifer Plan alle projektrelevanten Fragen lückenlos und widerspruchsfrei
beantwortet. Hier fließen alle bisherigen Ergebnisse ein. Bleiben Fragen offen, so
werden sie hier final geklärt und beantwortet. Das ist wichtig, weil dieses Konzept einerseits die Grundlage für die weitere Projektplanung und andererseits die
Grundlage für die Bewerbung des Projekts ist. Mit diesem Konzept, das quasi aus-
gehändigt, also im Rahmen der Antragstellung in aller Regel per E-Mail versandt
wird, wird das Projekt beworben. Es ist das erste Dokument, auf das der Blick
fällt und von dem abhängt, ob Fördergelder bewilligt und strategisch wichtige
Projektpartner gewonnen werden.

Das Konzept kann im Verlauf der Projektverwirklichung verändert oder angepasst werden. Je nach Änderungsumfang sollten dann alle am Projekt beteiligten
Interessengruppen, also auch etwaige Partner und Förderer, informiert werden mit
einem entsprechend begründeten Hinweis darauf, dass die ursprünglichen Projektziele nicht gefährdet sind. Ist jedoch eine Abweichung von den Projektzielen zu
erwarten, dann sollte geprüft werden, wie groß diese Abweichung unter Umständen werden kann, denn in so einem Fall kann es die zugesagten Förderungen
gefährden. Deswegen sollte das Projekt von vornherein so geplant werden, dass
es bei unerwarteten Engpässen und Problemen durchführbar bleibt. Es können
natürlich nicht immer alle Gefahren im Vorhinein erahnt werden. Aber eine erfah-
rene Projektleitung wird stets einen (zeitlichen und finanziellen) Puffer einplanen,
ohne die Ansprüche an das Projekt (nach unten hin) anpassen zu müssen.

Ist das Projekt schon in der Planungsphase gestartet worden, was nicht selten
vorkommt, dann können beide Phasen, also die Projektplanung und die Projekt-
trealisierung, Hand in Hand gehen und somit parallel verlaufen. Gerade in einem
solchen Fall kann es regelmäßige Anpassungen nach sich ziehen.

▶ Konzipieren Sie Ihr Projekt, und konzipieren Sie es gut. Viele ehrenamtliche Projekte scheitern an unklaren, lückenhaften Konzepten.

Beschreiben Sie Ihr Vorhaben und legen Sie fest, worin vor allem der Nutzen des Projekts und der anvisierte Erfolg bestehen. Was ist von dem Projekt zu erwarten, wie gesellschaftlich nachhaltig ist es? Das Konzept sollte dies umfassend auf den Punkt bringen und überzeugend darstellen.

Die folgende Übersicht hilft Ihnen dabei, das Konzept für Ihr Projekt zu verfassen. Vermutlich werden Sie diese Vorlage nicht eins zu eins übernehmen können oder müssen, da die Voraussetzungen bei jedem Projekt andere sind, es könnten unter Umständen weitere wichtige, möglicherweise erklärungsbedürftige Punkte hinzukommen oder gar wegfallen. Passen Sie in diesem Fall das Konzept entsprechend für Ihr eigenes Vorhaben an.

Die wichtigsten Erklärungspunkte im Konzept
- Grunddaten des Projekts
  a) Projektname
  b) Projektleitung und -träger
  c) Kontaktdaten
- Projektbeschreibung
  a) Projektbeschreibung und -dauer mit klarer Zieldefinition
  b) Bisherige Meilensteine
- Problem- und Nutzenbeschreibung
  a) Ist-Situation
  b) Erwarteter Nutzen
  c) Nicht-Ziele
- Projektadressaten und Teilnahmevoraussetzungen
  a) Zielgruppe
  b) Teilnahmevoraussetzungen
- Projektumsetzung
  a) Eigene Maßnahmen
  b) Fremd-/Drittmaßnahmen
- Schnittstellen
- Risikobetrachtung
- Kosten- und Finanzierungsplan

6.1.1   Grunddaten des Projekts

Dieser Teil wird aus unterschiedlichen Gründen oft unterschätzt, ganz einfach deshalb, weil er schnell und leicht auszufüllen ist. Dabei ist dieser Teil der relevanteste, weil er Identifikation schafft und einen Eindruck von der Ernsthaftigkeit des Vorhabens vermittelt.

Der konkrete Ansprechpartner sollte mit Vor- und Nachnamen genannt, dessen Rolle im Projekt und alle zur Verfügung stehenden Kontaktmöglichkeiten angegeben werden; in der Regel werden dies die Mobilfunknummer sowie die E-Mail-Adresse sein. Zu nennen ist auch der vollständige Unternehmens- oder Vereinsname als Projektträger*in mit allen Zusätzen und Kürzeln wie zum Beispiel gGmbH oder e. V., denn Letzteres macht überhaupt erst klar, mit welcher Organisationsform man es zu tun hat. Das alleine schafft zu Beginn bereits das nötige Maß an Grundvertrauen in den Erfolg des Projekts. Das lückenhafte oder unkorrekte Ausfüllen dieses Teils kann den Eindruck von Nachlässigkeit erwecken.

6.1.2   Projektbeschreibung

Hier erfolgt ganz einfach eine vollständige Beschreibung des Projekts und dessen Ziele. Das beinhaltet auch den Hinweis sowohl auf die Dauer des Projekts als auch darauf, ob das Projekt als langfristiges und somit zyklisch wiederkehrendes Ereignis beabsichtigt ist oder nicht.

Ein ganz wichtiger Punkt ist auch eine Auflistung von Meilensteinen, also bereits nachweisbaren Erfolgen, die die Förderwürdigkeit des Projekts zusätzlich unterstreichen. Auf die Adressaten, Maßnahmen und Partner ist an dieser Stelle noch nicht einzugehen.

Die Nachweisbarkeit von Erfolgen resultiert nicht ausschließlich aus der Tatsache, dass das Projekt schon seit längerem stattfindet. Auch ein ganz neues Projekt kann bereits Meilensteine aufweisen. Das können zum Beispiel strategisch wichtige, beeindruckende Partnerschaften und Kooperationen sein, aber auch Förderungen und andere Ereignisse von Gewicht, welche im Vorfeld eines neuen Projekts erzeugt werden. Hat das Projekt in der Vergangenheit bereits stattgefunden und wird nun neu aufgelegt, dann gehört hierher – neben der Erwähnung aller bisherigen Veröffentlichungen in der Presse – auch die Nennung von sogenannten Key Performance Indicators, also von Leistungskennzahlen in Form von Zahlen und Fakten, die den bisherigen Erfolg des Projekts zusätzlich belegen. Das können Zahlen über die Teilnehmer*innen, über die Reichweite auf Social Media oder die Zahl der langjährig bestehenden Partnerschaften sein.

6.1.3 Problem- und Nutzenbeschreibung

Mit der Beschreibung des Problems sowie Nutzens wird das Projekt vom Projektteam selbst auf den Prüfstand gesetzt und von diesem dadurch bereits so weit vorgegriffen, dass es den Fragen und Zweifeln von potenziellen Partnern und Förderern zuvorkommt. Im Optimalfall erfüllt das Konzept alle Voraussetzungen ohne weitere Rückfragen.

Bei dem Punkt über das Problem ist ein vom Projektteam identifiziertes Problem in der Gesellschaft anzusprechen, also die Ist-Situation, welche das Projekt überhaupt erst auf den Plan gerufen hat. Dabei kann es sich um jede Art eines Problems handeln – ein wirtschaftliches, soziales, kulturelles oder sportliches. Entscheidend ist, dass ein gesellschaftsrelevantes Defizit erkannt wurde, das mit zusätzlichen Angeboten aus dem Projekt nachhaltig beseitiget werden soll. Nachhaltig ist der Erfolg eines Projekts, wenn es einen langfristigen Nutzen entfaltet.

Vom Nutzen eines Projekts sollten möglichst viele Interessengruppen profitieren. Hier möchte ich gerne nochmal auf meine Gedanken zum Begriff des „Ökosystems" in Kapitel drei verweisen. Interessengruppen können städtische Institutionen, Schulen, Kultureinrichtungen oder der lokale Handel eines bestimmten Stadtteils sein, die Möglichkeiten sind vielfältig.

Wichtig ist also, dass das Problem nachvollziehbar und klar umschrieben wird, und es somit deutlich zum Ausdruck gebracht wird, welchen konkreten (Mehrfach-)Nutzen die Partner und Förderer durch den Projekterfolg zu erwarten haben. Wem kommt das Projekt zugute und in welchem Umfang?

Nicht-Ziele nehmen auf solche Erklärungen Bezug, die das Projekt von anderen, vergleichbaren Projekten, sofern es diese gibt, abgrenzt. Hier geht es um die Beantwortung der Frage, was mit dem Projekt alles nicht bezweckt wird. Daraus folgt indirekt, ohne dass es konkret formuliert würde, was das Projekt anders oder besser macht und warum es zusätzlich oder im Gegensatz zu anderen (vergleichbaren) Projekten Unterstützung verdient.

> ⯈   Schaffen Sie Ihr Alleinstellungsmerkmal.

6.1.4   Projektadressaten und Teilnahmevoraussetzungen

Der Kreis der Adressaten sollte klar und deutlich definiert werden. Es sollte also unmissverständlich klar sein, wer konkret vom Projekt profitiert. Je mehr am Projekt mitwirken können, desto interessanter ist es für die Förderer. Und sind die Voraussetzungen zur Teilnahme am Projekt, die an dieser Stelle ebenfalls beschrieben werden, zudem so ausgestaltet, dass eine Mitwirkung vieler möglichst einfach ist, dann hebt es die Chancen einer Förderung enorm (s. Kap. 3 zur Zielgruppenbestimmung). Die Teilnahmevoraussetzungen sollen die angesprochene Zielgruppe nicht abschrecken, sondern überhaupt erst zur Teilnahme motivieren.

6.1.5   Projektumsetzung

Hier fließen alle Maßnahmen ein, die für die intensive Bewerbung des Projekts vorgesehen sind. Dabei ist zwischen Eigen- und Drittmaßnahmen zu unterscheiden.

Eigenmaßnahmen können Marketingaktionen wie etwa der Flyer- und Posterdruck sein, die in der ganzen Stadt verteilt werden, Mailingaktionen, Newsletter, bei vorhandenem Budget auch Anzeigenschaltungen, Content-Management-Strategien für Social-Media-Kanäle oder Blogs, aber auch Eventauftritte und die Planung eigener kleinerer Events. Darüber hinaus ist natürlich auch an die Öffentlichkeitsarbeit (PR) zu denken, allem voran an die Pressearbeit neben eigenen Fachbeiträgen auf der eigenen Webseite. Nicht zu vergessen ist, die Pläne für die Netzwerkarbeit vorzustellen. Sollten bereits Partner und Förderer existieren, so sind diese zu nennen. Das ist mehr als förderlich, denn damit würde angezeigt, dass das Projekt bereits über eine größere, mithin erfolgversprechende Reichweite verfügt.

Bei Drittmaßnahmen sind an etwaige Unterstützungsangebote von Partnern über ihre Netzwerke und E-Mail-Verteiler zu denken, aber auch an Auslagen wie im Fall einer Stadtbücherei.

Wichtig ist, bei der Beschreibung aller Maßnahmen konkret zu sein, diese möglichst umfassend zu beschreiben, ohne etwas auszulassen. Die teaminterne Aufgabenverteilung gerade mit Blick auf die wichtigsten Disziplinen wie Marketing, Öffentlichkeitsarbeit und Netzwerkarbeit darzulegen, kann ebenso sehr hilfreich sein. Im Rahmen der Netzwerkarbeit fallen alle Aktivitäten darunter, die zur Gewinnung von Partnerschaften, Kooperationen und Teilnehmer*innen führen können.

> Denken Sie über den Tellerrand hinaus und nehmen jede Form einer Unterstützung an, die Sie bekommen: Sie können dabei nur gewinnen. Wenn Sie darüber hinaus konkrete, vielleicht sogar detaillierte PR-, Marketing- und Event-Konzepte vorbereitet haben, genügt es, die Beschreibung der Maßnahmen auf ein paar wesentliche Ausführungen zu beschränken unter dem zusätzlichen Hinweis darauf, dass die oben erwähnten Konzepte dem Gesamtkonzept als Anlage beigefügt sind.

6.1.6 Schnittstellen

Hier stehen potenzielle Störfaktoren im Vordergrund, auf die näher einzugehen ist. Diese können aus projektinternen und/oder -externen Abhängigkeiten resultieren. Abhängigkeiten können der Projektrealisierung zumindest temporär im Wege stehen. So kann etwa der für die Öffentlichkeitsarbeit zuständige Projektmitarbeiter so lange keine Pressearbeit betreiben, wie das Kernteam um die Projektleitung herum noch kein vollständiges Konzept vorlegen kann. Gleiches gilt für das Abwarten von Förderzusagen. Erst durch die Bewilligung von Fördergeldern kann das Team aktiv werden und Marketing betreiben, also etwa die Erstellung einer Webseite oder eines Flyers beauftragen oder den Flyer in Druck geben. Hier kommen also zeitlich oder sachlich bedingte Störfaktoren ins Spiel, die erwähnt werden sollten.

6.1.7 Risikobetrachtung

Projekte sind regelmäßig einer Vielzahl unbekannter Einflussfaktoren ausgesetzt. Diese Gefahren vorherzusehen und die daraus resultierenden Risiken für das Projekt zu analysieren und möglichst zu reduzieren, ist eine der wichtigen Aufgaben der Projektleitung. Zu diesem Zweck nimmt sie sich eine entsprechende Risiko- beziehungsweise Projektumfeld-Analyse vor und ermittelt so die zu erwartenden Problembereiche, für die dann Vorkehrungen in Form von alternativen Maßnahmen getroffen werden. Eine Auflistung möglicher Projektrisiken findet sich bei Klose (2008) auf den Seiten 28 und 29.

Natürlich ist das Erkennen möglichst aller Risiken in der Planungsphase wenn überhaupt nur grob möglich. Entscheidend ist aber nicht, wie viele potenzielle Risiken erkannt werden, sondern wie die Projektleitung darauf zu reagieren bereit ist und ob sie über die dafür notwendigen Kapazitäten verfügt. Typische Risiken können sein, dass nicht genügend Teilnehmer akquiriert wurden. Die Frage, die sich dann stellt, ist, ob in der Projektplanung zusätzliche Mittel und Zeit für die Bewerbung des Projekts eingeplant wurden oder nicht. Über solche typischen Risiken sollte sich die Projektleitung bereits im Vorfeld Gedanken gemacht und entsprechende Lösungen ausgearbeitet haben, denn einen völlig risikofreien Raum gibt es nicht. „Kein Projekt wird quasi im luftleeren Raum entwickelt, sondern findet unter ganz besonderen Bedingungen statt, die möglichst genau zu analysieren sind" (Klein, 2010, S. 54).

Befindet sich das Projekt bereits in der Realisierungsphase und hat es unterdessen Probleme gegeben, die gelöst werden mussten, so kann im Rahmen der Risikobetrachtung auf den Erfolg von etwaigen Gegenmaßnahmen, deren Einleitung notwendig wurde, hingewiesen werden.

6.1.8   Kosten- und Finanzierungsplanung

Zu einem professionellen Konzept gehört auch immer ein gut durchdachter, glaubwürdiger Finanzierungsplan. Bei gemeinnützigen Projekten ist es nun so, dass den Kosten selten auch Erträge gegenüberstehenden. Wenn keine Erträge zu erwarten sind, genügt lediglich eine Vollkostenrechnung. Werden Erträge jedoch erwartet oder sind diese gar geplant, dann muss neben einer Kostenplanung auch eine Finanzierungsplanung vorgelegt werden. Während der Projektverwirklichung sollten Sie zudem regelmäßige Soll-Ist-Vergleiche machen, damit bei Planabweichungen entsprechende Gegensteuerungsmaßnahmen ergriffen werden können, also entweder Abstriche gemacht werden, der Kostenrahmen erweitert oder auf zusätzliche Wünsche verzichtet wird (dazu auch Klein, 2011, S. 178).

Die gesamten Projektkosten ermitteln Sie, indem Sie die Kosten jeder einzelnen Tätigkeit berechnen und über die gesamte Dauer des Projekts summieren (s. dazu auch Kuster et al., 2019, S. 221). Welche Tätigkeiten überhaupt existieren und in die Kostenberechnung einzubeziehen sind, folgt aus dem dezidierten Projektstrukturplan (siehe Abschn. 6.3), der als Grundlage für die Gesamtkostenberechnung heranzuziehen ist. Die Berechnung erfolgt bei fehlenden Erfahrungswerten in Form einer Schätzung.

> Lassen Sie sich bei Ihren Planungen von Bemerkungen wie „das Projekt ist aber ganz schön teuer" oder „Sie sollten die Kosten vielleicht reduzieren" nicht beirren. Im ehrenamtlichen Raum ist nicht alles kostenlos, auch hier ist ein gewisser Anspruch berechtigt, wenn es darum geht,

ein Projekt mit Außenwirkung zu realisieren. Darüber hinaus gebietet der Respekt gegenüber externen Dienstleistern wie zum Beispiel Künstler*innen oder Referent*innen, deren Leistung auch in ehrenamtlichen Räumen entsprechend zu honorieren. Deshalb planen Sie ruhig Kostenpuffer ein und kalkulieren gerade für Schlüsselaufgaben wie das Marketing mit einem höheren Kostenbetrag. Denn am Ende geht es immer um den Projekterfolg. Ein Projekt hat dann Erfolg, wenn es von einer Vielzahl von Menschen wahrgenommen wird. Aus dem Umstand der Wahrnehmung folgt überhaupt erst die Teilhabe am Projekt, das dadurch erst Wirkung entfaltet und damit Menschen hilft. Ein Projekt, das niemand kennt, zeigt keine Wirkung. Deshalb ist ein gewisser finanzieller Aufwand durch eine höhere Ausgabenkalkulation nur folgerichtig.

Im Rahmen der Finanzierungsplanung sind sämtliche Erträge aller Art aufzulisten, zum Beispiel die Beschaffung von öffentlichen Fördermitteln, das Fundraising, etwaige Eigenerlöse (Mitgliedsbeiträge, Verkäufe, Dienstleistungen etc.) oder Spenden (s. dazu auch Scheller, 2016, S. 76; Gerlach-March & Pöllmann, 2019, S. 17).

Es gibt viele Möglichkeiten, Fördermittel einzutreiben. Am Beispiel Hessens kann über die Webseite www.deinehrenamt.de auf umfangreiche Angebote der Hessischen Staatskanzlei zugegriffen werden. Darüber hinaus gibt es auch reichliche Angebote vonseiten der (Bundes- und Landes-)Ministerien und Kommunen – in Frankfurt am Main wären beispielsweise das Kulturamt oder das Amt für multikulturelle Angelegenheiten (AmkA) zu nennen. Weitere Möglichkeiten finden sich bei Freiwilligenagenturen oder Verbänden. Zusätzlich können mittels Fundraising Fördermittel etwa bei Landes- oder Förderstiftungen beantragt werden – eine ausführliche Liste dieser und vieler weiterer Stiftungen findet sich im umfangreichen Verzeichnis des Bundesverbands Deutscher Stiftungen.

Auch eine (gesellschaftliche) Förderung durch Unternehmen (im Gegensatz zu Sponsoring, bei dem ein Unternehmen werbliche Ziele verfolgt), denen die lokale Förderung am Herzen liegt, ist eine Möglichkeit. Welche Unternehmen in der Nähe sind, findet sich zum einen im Handelsregister, zum anderen in den Gewerbeinformationen der kommunalen Webseiten. Zu guter Letzt können auch Spendenaufrufe gestartet werden, die sich insbesondere an Privatpersonen richten, entweder über Social-Media-Kampagnen oder mittels Crowdfunding auf einer der vielen Spendenplattformen wie zum Beispiel betterplace.org. Nicht zu vergessen

sind schließlich die zahlreichen, speziellen Förderfonds. Auf der Suche nach För-
dermöglichkeiten können zudem die vielen guten Praxis-Tipps und Hinweise auf
www.buergergesellschaft.de hilfreich sein.

> Das Konzept lässt im Idealfall keine Fragen offen. Vermitteln Sie Sicher-
> heit durch Klarheit. Übertragen Sie die Projekterfolge bei einer kontinu-
> ierlichen Fortsetzung des Projekts auf das Konzept und aktualisieren Sie
> dieses entsprechend. Sie werden merken, dass die Fördermittelbeschaf-
> fung mit der Zeit einfacher wird dank langjähriger Förderpartner*innen,
> denn diese sind selbstredend an der Fortführung eines guten und
> wirkungsvollen Projekts interessiert.

6.2   Dokumentationssystem

Von Projektteams oft vernachlässigt, aber für die tägliche Projektarbeit äußerst
hilfreich ist die Einrichtung eines Dokumentationssystems. Es erleichtert schlicht
und ergreifend das Wiederauffinden von Dokumenten und vermeidet, dass Projektmitglieder bei jedem Informationsbedarf einander ständig mit den immer
gleichen Fragen löchern.

Ein solches Dokumentationssystem setzt allerdings voraus, dass es auf einer
für alle Projektbeteiligten jederzeit zugänglichen Plattform eingerichtet ist. Hier
wäre an eine kostenlose Cloud-Lösung wie zum Beispiel Dropbox, Google
Drive oder OneDrive von Microsoft zu denken. Alternativen zu den genannten Clouds wären etwa Amazon Drive, pCloud, Box.com, MagentaCloud (bei
Telekom-Kund*innen), Web.de oder GMX.

> Verschachteln Sie das Dokumentationssystem mit Ordnern und Unter-
> ordnern nicht allzu sehr. Beschränken Sie sich nur auf wesentliche
> Dokumente wie die Projektentwicklung betreffende Status- und Ände-
> rungsberichte, Förderanträge und -bewilligungen, Projektpläne und
> -konzepte, Verträge und Kooperationsvereinbarungen und schließlich
> allgemeine Informationen wie Kontaktlisten und ähnliches.

Eine das Berichtssystem hervorragend ergänzende Methode, um auf der Suche
nach einem bestimmten Ergebnisbeschluss nicht immer durch alle Berichte gehen
zu müssen, ist das sogenannte Decision Diary. Das Decision Diary beziehungsweise Entscheidungstagebuch bietet einen guten Überblick über die wichtigsten

Berichtsbeschlüsse, weil „es alle Entscheidungen im Projektverlauf mit allen relevanten Informationen zentral bereithält" (Drees et al., 2014, S. 122). Wichtig ist nur, dass zu jeder dort aufgeführten Entscheidung auch der jeweilige Bericht genannt ist. Das Gleiche gilt auch für eine separate Liste mit Ideen, die vielleicht im Zeitpunkt ihrer Entstehung noch keine Bedeutung haben, die aber zu einem späteren Zeitpunkt möglicherweise von Nutzen sein könnten.

6.3 Projektstrukturplan

Für jedes Projektmanagement stellt sich in organisatorischer Hinsicht von Beginn an die Frage, was von wem und für wann an Aufgaben alles zu bewältigen ist. Zu diesem Zweck wird das Projekt detailliert strukturiert, also sinnvoll in Einzelteile – sogenannte Arbeits- oder Aufgabenpakete mit den jeweiligen Einzelaufgaben – gegliedert, aus dem dann der sogenannte Projektstrukturplan hervorgeht.

Hierbei muss man nach der Größe eines Projekts unterscheiden. Bei großen Projekten lohnt es, diese zunächst in Teilprojekte und dann in Aufgabenpakete zu unterteilen. Bei mittleren Projekten kann gleich nach Aufgabenpaketen strukturiert werden, während bei kleineren Projekten, bei denen nur wenige Aufgaben anfallen, der Aufgabenumfang also übersichtlich ist, eine einfache Job- beziehungsweise Aufgabenliste genügt. Gibt es Teilprojekte, dann ist es wichtig, dass diese nicht nur Teilprojektleitungen zugeordnet werden, sondern dass zwischen der Gesamtprojektleitung und den Teilprojektleitungen eine funktionierende Kommunikationsebene eingerichtet wird.

Für die Strukturierung des Projekts nach Aufgaben(-paketen) gibt es zwei Methoden: zum einen die Top-down-Methode, zum anderen die Bottom-up-Variante. Bei der Top-down-Methode wird das gesamte Projekt von oben nach unten „schrittweise in kleinere Einheiten zerlegt mit sinnvoller Abgrenzung der Arbeitspakete", wohingegen bei der Bottom-up-Methode „alle Tätigkeiten, die einem in den Sinn kommen, im Team zusammengetragen und von diesem anschließend erkennbar zusammengehörende Tätigkeiten zu Arbeitspaketen gruppiert werden" (Kuster et al., 2019, S. 142). Für unerfahrene Teams empfiehlt sich stets die letztere Methode.

Grundsätzlich gilt, dass es bei der Projektstrukturplanung darum geht, sich lediglich „einen Überblick über die durchzuführenden Aufgaben zu verschaffen, nicht darum, die Arbeit zu verteilen" (Klein, 2010, S. 99) oder zu terminieren. Die Verteilung und Terminierung der Aufgaben würden hiernach in separate Listen gehören. Allerdings können Gründe der Projekteffizienz dafürsprechen, alle wesentlichen Informationen in eine Liste zu überführen, um die Arbeit in mehreren Listen und somit das ständige Springen zwischen diesen zu vermeiden, was sehr lästig sein kann. Insoweit steht es Projektteams frei, wie ausführlich der Projektstrukturplan sein soll. Die Ressourcenplanung, also die Zuordnung von Aufgabenpaketen zu bestimmten Personen, die diese verantworten, aber auch die Termin- und Phasen- beziehungsweise Meilensteinplanung können folglich in einem Gesamtstrukturplan zusammengefasst werden.

> Erschaffen Sie nicht allzu viele Aufgaben. Hinterfragen Sie gerade vor dem Hintergrund begrenzter Projektressourcen stets, ob alle im Team zusammengetragenen Aufgaben wirklich notwendig sind oder ob nicht die eine oder andere Aufgabe weggelassen werden könnte. Zudem muss auch nicht alles von vornherein perfekt umgesetzt werden. Konzentrieren Sie sich auf die Basics. Ist das Projekt bereits erfolgreich gestartet, dann priorisieren Sie bei einer Projektwiederholung beziehungsweise -fortführung einen Bereich, in dem Sie das größte Potenzial für Optimierung und Wachstum sehen und das Projekt stetig weiterwachsen kann.

6.4   Phasenplanung

Im nächsten Schritt wird der Phasenplan entworfen. Der Phasenplan ist ein Projektablaufplan, „er stellt den zeitlichen Ablauf des Projekts grob dar" (Kuster et al., 2019, S. 138). Mit *grob* ist gemeint, dass der Ablaufplan in mehrere Projektphasen ohne konkrete Terminierung unterteilt wird. Der Sinn eines Phasenplans folgt daraus, dass gerade große Projekte kaum in einem Arbeitsgang durchführbar sind, deshalb ist es ratsam, das Projekt in einzelne Phasen mit überprüfbaren Etappenergebnissen zu untergliedern, was konkret bedeutet: am Ende jeder Phase ist das Erreichen eines Meilensteins festgelegt, weshalb man den Projektablaufplan auch Meilensteinplan nennt. „Meilensteine sind Ereignisse beziehungsweise Ziele von besonderer Bedeutung, sie untergliedern das Projekt in die einzelnen Phasen" (Klein, 2010, S. 164) und bilden die für die Überprüfung des Projektfortschritts wesentliche Grundlage. An ihrem Erreichen misst sich der zwischenzeitliche Projekterfolg.

Wesentlicher Bestandteil eines Ablaufplans ist eine detaillierte Tätigkeitsliste, also eine Liste sämtlicher Aufgaben, die zuvor im Projektstrukturplan festgelegt wurden. Der Ablaufplan bringt die Aufgaben in eine arbeitstechnisch sinnvolle

Reihenfolge. Das geschieht unter Berücksichtigung aller zwischen den Einzelaufgaben bestehenden Abhängigkeiten (sogenannte Projektschnittstellen), weil
beispielsweise die Erfüllung einer vorangehenden Aufgabe Voraussetzung für
nachfolgende Aufgaben sein kann, ohne die die nachfolgenden Aufgaben erst
gar nicht begonnen werden können.

Ein Ablaufplan lässt sich am besten in einem sogenannten Gantt-Diagramm –
auch Balkenplan genannt – abbilden. Der Balkenplan stellt die zeitliche Abfolge
der zu bewältigenden Aufgaben grafisch in Form von Balken auf einer Zeitachse
dar.

Die Anzahl der Projektphasen hängt von der Art und Größe des Projekts ab.
„Kleinere Projekte mit Routinecharakter können in der Regel mit einer geringeren
Anzahl von Phasen – vielleicht zwei oder drei Phasen – erledigt werden. Bei
einem großen Projekt mit vielen Abhängigkeiten und Risiken ist eine Gliederung
und Terminierung in fünf, sechs oder sieben Phasen sinnvoll" (Kuster et al., 2019,
S. 23).

Nun gibt es Balkendiagramme, die über die grobe Phasengliederung hinaus eine konkrete Terminierung aller Tätigkeiten und Meilensteine vornehmen.
Diese ergibt für jede Tätigkeit einen frühesten und einen spätesten Anfangs- und
Endtermin, wodurch ein gewisser Zeitpuffer nicht selten auch von erfahrenen
Projektteams miteingeplant wird. Terminangaben auf den Tag genau können auf
den jeweiligen Balken ergänzt werden. Auch kann ein Balkendiagramm zusätzlich eine Zuordnung der einzelnen Aufgaben zu den Projektmitgliedern vorsehen
– sogenannter Ressourceneinsatz- oder Kapazitätsplan.

▶ Die wichtigsten Projektangaben sollten in einem Phasenplan nicht fehlen, weil auf ihn als Navigationszentrum immer zuerst zurückgegriffen
wird. Das funktioniert allerdings nur, wenn man sich dabei wirklich
nur auf die wichtigsten Angaben wie Aufgaben, Termine und Verantwortlichkeiten beschränkt (s. Abschn. 6.3). Zudem vermeidet man
das Dilemma, durch zusätzliche Listen wie Meilenstein-, Termin- und
Kapazitätspläne zwischen zu vielen Listen springen zu müssen. Gegen
ergänzende Listen spricht zwar grundsätzlich nichts, denn wie umfangreich und mit wie vielen Instrumenten ein Projektteam arbeitet, ist
jedem Team selbst überlassen. Aber die Erfahrung hat jedoch immer
wieder gelehrt, dass die Fülle an Arbeit bei wenig vorhandener Zeit
oft dazu verleitet, zusätzliche Listen eher zu ignorieren, denn diese dienen der Arbeitserleichterung nicht wirklich und wecken nur falsche
Erwartungen innerhalb des Teams. Machen Sie also nicht mehr als nötig,

aber doch so viel, dass es der Teamorientierung und Projektsicherheit während des Projektablaufs hinreichend dient.

6.5 Öffentlichkeitsarbeit

Die Öffentlichkeitsarbeit, für die im deutschen Sprachgebrauch auch oft die englische Bezeichnung „Public Relations" (kurz: PR) benutzt wird, sollte in keinem Projekt fehlen. Sie ist das Management aller Kommunikationsprozesse, um die Bekanntheit für eine Sache gleich welcher Art in der Öffentlichkeit entweder zu erlangen oder zu steigern. Als weit gefasster Begriff umfasst er die Presse- und Netzwerkarbeit auf der einen Seite sowie das Marketing inklusive Eventmanagement und Social-Media-Betreuung auf der anderen Seite.

Natürlich erwartet niemand von Ihnen die Vorlage eines umfassenden, professionellen Konzepts zu jeder der genannten Kommunikationsdisziplinen, schon gar nicht im ehrenamtlichen Raum. Dennoch kann das Wissen um die Instrumente nicht schaden, denn es kann bei den potenziellen Förderern durchaus Eindruck schinden, weil das Projektteam damit klar zu verstehen gibt, dass es dank eines strukturierten Plans weiß, was es tut. Das schafft Vertrauen in die Fähigkeiten des Projektteams und den Erfolg des Projekts.

6.5.1 PR-Konzept

Weil das PR-Konzept zugleich auch eine Imagekampagne ist, geht es wesentlich darum, im Vorfeld alle presserelevanten und identitätsstiftenden Themen zu finden und in eine zeitliche Reihenfolge zu bringen. Weil eine PR-Strategie in der Regel ein auf lange Sicht angelegtes Vorhaben ist, ist es wichtig, zwischen zwei Arten von Kommunikationszielen zu unterscheiden:

- Das eine Ziel ist es, das Image des Projekts langsam aufzubauen. Dieser Teil widmet sich den grundsätzlichen Fragen, die mit der Identität und dem Charakter des Projekts zu tun haben. Oft braucht dieser Part der Entwicklungsarbeit einfach Zeit. Es kann aber nicht schaden, selbst bei Fachzeitungen oder -zeitschriften telefonisch vorzufühlen, um Interesse zu wecken.
- Der andere Zweck der PR-Strategie besteht in der Festlegung kurzfristiger Kommunikationsziele, um öffentlichkeitswirksame Aufmerksamkeit für das Projekt zu erlangen. Die Kommunikation dieser kurzfristigen Themen

erfolgt durch ein- bis zweiseitige Pressemitteilungen, über die in Kurzform Neuigkeiten über das Projekt verkündet werden wie zum Beispiel der erstmalige Projektstart oder Informationen über die Teilnahmevoraussetzungen, über Partnerschaften, Förderungen, Projektbeteiligte etc.

Die Konzeptstruktur einer PR-Strategie umfasst fünf Stufen:

1. Auf der ersten Stufe geht es um die Frage, an wen sich die kommunizierten Inhalte richten sollen. Das macht eine genaue Zielgruppenanalyse notwendig (Kap. 3 und Abschn. 6.1).
2. Daraus folgt der nächste Schritt, bei dem eine Umfeldanalyse betrieben und recherchiert wird, welche Medien von der Zielgruppe konsumiert werden. Als Medien kommen etwa Fachmedien wie zum Beispiel Gesundheits- oder Kindermagazine, allgemeine Zeitungen mit ihren Regionalteilen sowie sonstige Medien wie lokale Fernseh- oder Radioredaktionen in Betracht. Hierbei ist auch an fachspezifische Blogs oder Social-Media-Foren zu denken, die eine Vielzahl von Menschen erreichen können. Zu denken ist auch an ein städtisches Kulturportal, über das man kulturelle Angebote kommunizieren kann. An die relevanten Ansprechpersonen bei den jeweiligen Medien können dann über einen sorgfältig erstellten E-Mail-Verteiler die Pressemitteilungen in aller Regelmäßigkeit rausgehen.
3. Sind alle relevanten Medien identifiziert worden, besteht der nächste Schritt in der Zusammenstellung eines Themenplans, der die Kurz- und Langzeitziele in eine zeitlich sinnvolle Reihenfolge bringt. Dabei sind die Themenpläne der jeweiligen Fachmedien, die ganzjährig geplante Themenschwerpunkte enthalten, zu berücksichtigen.
4. Wenn das Projekt abgeschlossen ist, erfolgt eine Medienresonanzanalyse, die dabei hilft herauszufinden, wie gut die Kommunikationsstrategie gemessen an der Zahl der Veröffentlichungen schließlich war. Daraus können gegebenenfalls Maßnahmen zur Optimierung der Kommunikation für künftige Projektrunden abgeleitet werden. Für die Förderer und Partner*innen kann ein gelegentlicher Pressespiegel[1] interessant sein.

---

[1] Eine Definition des Pressespiegels finden Sie auf https://www.openpr.de/wiki/pressespiegel, Zugriffsdatum: 15.06.2021 oder auf https://www.vgwort.de/einnahmen-tarife/erstellen-von-pressespiegeln.html, Zugriffsdatum: 15.06.2021.

5. Weil die Betreuung von Webseiten und Social-Media-Kanälen mittlerweile auch Sache von Redakteuren und PR-Leuten ist, ist auch eine Reichweitenmessung bei veröffentlichten Artikeln oder Fachbeiträgen häufig relevant, um herauszufinden, wie viele Menschen über sämtliche Kanäle erreicht wurden.

6.5.2 Netzwerkarbeit

Netzwerkarbeit bedeutet, über Kooperationen, Kollaborationen und Partnerschaften für Synergieeffekte zu sorgen. Zeit in den Aufbau eines Netzwerks zu investieren lohnt in mehrfacher Hinsicht, denn über diese werden wertvolle Multiplikatoren geschaffen, die die eigene Projektarbeit enorm erleichtern können. Netzwerke können beispielsweise wertvolle Kontakte zu Redakteuren ermöglichen, mit dem richtigen Veranstaltungspartner, zum Beispiel ein Theater oder eine Stadtbücherei, die Raummiete wegfallen, über die Kanäle einer Stadtbücherei zudem Eltern und ihre Kinder erreicht werden durch Auslagen von Flyern in den Stadtteilbibliotheken oder im Rahmen von Social-Media-Beiträgen. Eine Medienpartnerschaft zum Beispiel mit einem bekannten und beliebten Stadtmagazin hat den Vorteil, dass über das Projekt nicht nur häufiger geschrieben wird, sondern dieses über die entsprechende Reichweite des Medienpartners auch viele Menschen erreicht. Darüber hinaus können Förderpartner*innen wie Stiftungen, die ihrerseits Netzwerke zu Schulen oder Unternehmen (als Unternehmensstiftungen) haben, über entsprechende Verteiler eine große Innen-Reichweite erzeugen. Man denke etwa auch an die Möglichkeiten, die eine Zusammenarbeit mit dem örtlichen Kulturamt bringen kann, unabhängig von allgemeinen Angeboten wie das des oben erwähnten Kulturportals. Darüber hinaus kann es auch sehr wertvoll sein, in einem Verbund aus verschiedenen gemeinnützigen Vereinen nach außen zu treten, nicht nur der sich dadurch vervielfachenden Netzwerke wegen, sondern weil man hierdurch der Bedeutung eines Themas zugleich umfassend Gewicht verleiht, was die Aufmerksamkeit für das (gemeinschaftliche) Vorhaben noch einmal deutlich steigern kann.

▶ Gehen Sie Ihre Netzwerkarbeit im Vorfeld also äußerst strategisch an und überlegen sich, wen Sie für Ihr Projekt besonders gewinnen sollten. Das ist dort kein Problem, wo Sie mit einem gut durchdachten Konzept auf Partnersuche gehen, da dieses für Sie im Optimalfall die ganze Überzeugungsarbeit leistet.

6.5.3 Marketing-Konzept

Das Marketing beschreibt alle Aktivitäten, die dazu dienen, das Projekt bekannt zu machen. Das geschieht in der Weise, dass die Bedürfnisse und Erwartungen der Zielgruppe erkannt und erfüllt werden. Projektteams gelingt das allerdings nur, wenn sie ihre Projektziele konkret bestimmt und klar formuliert haben, ihre Zielgruppe kennen und ihre Kernbotschaft auf Grundlage der Ziele gut ausgearbeitet haben. Ist die Kernbotschaft gut und klar formuliert, dann wird das Projekt unvergesslich. Eine gute Kernbotschaft setzt allerdings voraus, dass sie unverwechselbar, also einzigartig und relevant für andere ist, und glaubwürdig auf den Punkt gebracht wird. Das ist wichtig, weil die Kernbotschaft das Wesen des Projekts und somit auch des Marketing-Konzepts bildet und sich wie ein roter Faden durch alle Projektmaßnahmen zieht.

> In Kap. 3 habe ich bereits im Rahmen meiner Ausführungen zur Projektidee darauf hingewiesen, dass Sie sich mit Ihrer Positionierung von anderen ähnlichen Projekten abheben sollten. Schaffen Sie ein Alleinstellungsmerkmal, indem Ihr Projekt besondere Bedürfnisse erfüllt und Ihrer Zielgruppe einen außergewöhnlichen und einzigartigen Nutzen bringt. Dann wird das Finden der Kernbotschaft ein Leichtes sein. Achten Sie jedoch auf die Form und den Ton Ihrer Botschaft. Je nach Zielgruppe müssen Sie die Form und den Ton Ihrer Ansprache unter Umständen anpassen – man denke zum Beispiel an eine jüngere Zielgruppe als Teilnehmer*innen auf der einen Seite, Institutionen und Unternehmen als potenzielle Partner*innen und Förderer auf der anderen Seite.

Die Marketing-Strategie ist, anders als die PR-Strategie, auf die direkte Ansprache der Zielgruppe gerichtet und besteht bei einer Vielzahl von verschiedenen Aktivitäten (online wie offline) aus einem Marketing-Mix.

Offline-Instrumente des Marketings sind zum Beispiel die Gestaltung eines Briefpapiers und Logos für den Briefversand, die Anfertigung von Präsentationen, Werbebooklets und -flyern, darüber hinaus Aufsteller, Give-aways wie zum Beispiel Textpublikationen oder die Gestaltung von Beschilderungen wie Leuchtreklamen und Plakaten. Schließlich fallen darunter auch die Weiterempfehlung durch Projektmitglieder und -partner.

Online-Instrumente sind etwa die Reservierung einer Domain und die Erstellung einer Webseite, die Einrichtung von Social-Media-Kanälen und die grafische Gestaltung dieser, das Content Management des gesamten Onlineauftritts, E-Mailings, der Newsletter-Versand oder das Video-Marketing.

6.5.4   Event-Konzept

Könnte ein Event für Ihr Projekt relevant sein? Dann benötigen Sie ein Event-Konzept, d. h. eine Veranstaltungsplanung inklusive Einladungs- und Teilnehmermanagement. Zunächst ist es wichtig zu wissen, welcher Art das Event sein soll und welches Ziel es verfolgt. Bei gemeinnützigen Projekten sind dies in aller Regel Kommunikationsziele, also der Wunsch nach der Aufmerksamkeit der Presse, die Unterstützung und Motivation durch die Teilnehmer*innen beziehungsweise die Öffentlichkeit, aber auch die Kontaktpflege zu Partner*innen und Förderern. Zusammengefasst sind also sämtliche Veranstaltungsdetails wie Thema, Termin und Uhrzeit, Veranstalter und Veranstaltungsort, Einzugsgebiet und Besucherzahl sowie Kostenrahmen zu bestimmen.

Bei der Frage, wer durch das Event alles angesprochen werden soll, spielt auch die Überlegung eine Rolle, wie es mit dem Projekt nach dem Event weitergeht. In diesem Sinn wäre es ratsam, nicht nur an die Presse, Partner*innen und Förderer sowie Teilnehmer*innen zu denken, sondern die Fühler auch nach potenziell neuen Partner*innen und Förderern auszustrecken und Personen aus weiteren Institutionen und Unternehmen zum Event einzuladen. Bedeutende Einzelpersonen als potenzielle Schirmherr*innen für das Projekt sind ebenfalls zu berücksichtigen.

Als nächstes sollte ein klar umrissenes Programm geplant und für die Gäste zugänglich gemacht werden, indem es entweder den Einladungen beigefügt (auch als E-Mail-Anhang) oder auf der Webseite zum Download bereitgestellt wird. Referenten*innen, Bands und Musiker*innen, DJs und weitere sind rechtzeitig im Voraus zu buchen. Dazu gehört auch die Verhandlung von Honoraren beziehungsweise Verträgen. Es ist ratsam, sich zu diesem Zweck einen standardisierten Honorarvertrag von einem Anwalt vorbereiten zu lassen.

> ▶   Sollten Sie auf die Idee kommen, vergleichbare Verträge von Part-
>   ner*innen oder Dienstleistern zu adaptieren, dann lassen Sie Ihre Version
>   des Vertrags später von einem Anwalt unbedingt nachträglich prüfen,
>   bevor Sie es Ihrem Gegenüber zur Unterschrift vorlegen.

Auf die Frage, wie man ein Event konkret plant und durchführt, geht dieses Essential nicht weiter ein. Vielmehr möchte ich Ihnen die hierfür einschlägige, ausführlichere Fachliteratur empfehlen. In diesem Zusammenhang erwähnt sei beispielsweise das Buch der Autoren Holzbaur, U., Jettinger, E., Knauß, B., Moser, R., Zeller, M. (2010), Eventmanagement, Heidelberg: Springer-Verlag Berlin Heidelberg.

Der Projektstart

7

Das Projekt startet offiziell mit dem Kickoff-Meeting. Auch wenn das Projekt-team in den Phasen zuvor bereits viel zusammengewirkt hat, geht es ab sofort ans Eingemachte, was bedeutet, dass zuvor geplante Prozesse sitzen müssen, Verlässlichkeit in der Wahrnehmung und Kontrolle von Projektterminen gegeben sein und Fehlentwicklungen entgegengewirkt werden muss. Für die Projektleitung besteht hier die einzige Gelegenheit, der Zusammenarbeit des Projektteams eine solide Basis zu geben. Auch wenn sich die einen oder anderen Teammitglieder bereits kennen, in der Zusammenarbeit verändert sich das Verhältnis zueinander nicht selten, manchmal ist es gar so, als ob sie einander erstmals kennenlernen würden. Deshalb ist es wichtig, ein angemessenes Gleichgewicht zwischen der Eigenverantwortung eines jeden einzelnen und den zu erreichenden Zielen zu finden.

▶ Unterschätzen Sie den ersten gemeinsamen Auftritt als Team nicht, denn so löblich der sozial-motivierte Einsatz eines jeden auch sein mag, den Projektaufwand gleicht er keineswegs aus.

Das Kickoff-Meeting ist sorgfältig vorzubereiten. Die Einplanung von reichlich Zeit, anders als bei den Folgemeetings, ist daher folgerichtig, denn der braucht es, um ein solides Fundament für die Zusammenarbeit zu finden. Zudem sollen alle am Projektbeteiligten die Gelegenheit haben, sich einerseits mit dem Pro-jekt, andererseits miteinander vertraut zu machen. Später hinzustoßenden neuen Mitstreiter*innen, denen nicht nur die bis dahin etablierten Teamprozesse fremd, sondern auch die Spielregeln und vielen Hintergründe des Projekts unbekannt sind, bietet das im Kickoff etablierte Fundament außerdem die eminent wichtige Grundlage dafür, sich gleich zurechtfinden zu können. Es sollte also nichts unge-klärt bleiben. Der Auftrag als Projektleitung ist es deshalb, jeden einzelnen der

© Springer Fachmedien Wiesbaden GmbH, ein Teil von Springer Nature 2021
L. Seyhan, *Projektmanagement im Ehrenamt*, essentials,
https://doi.org/10.1007/978-3-658-35036-9_7

Teampartner abzuholen, das Meeting folglich gut vorzubereiten. Die Projektleitung gibt dem Kickoff die Richtung vor. Wenn sie bereits über Erfahrungen in der Steuerung von Teams verfügt, ist das ein großer Vorteil, jedoch keine Voraussetzung. Was sie in jedem Fall nicht unterschätzen darf ist, dass jeder der Projektbeteiligten eine gehörige Portion Eigenmotivation mitbringt. Die gilt es nutzen.

Gleich zu Beginn des Meetings sollte eine Vorstellungsrunde erfolgen. Darauf folgt eine Einleitung des Moderators mit Hintergrundinformationen zur Entstehung und den Zusammenhängen des Projekts und ihren Zielen. Im Anschluss sollte das Team noch einmal an die Spielregeln für den Umgang miteinander unter allen Aspekten (Kap. 3 und Abschn. 4.1) erinnert werden, gegebenenfalls würde sich an dieser Stelle der nochmalige Beschluss im gesamten Projektteam anbieten. Wenn im Team eine Modifizierung der Spielregeln notwendig erscheint oder gewünscht wird, dann sollte dem gefolgt werden, da diese die Grundlage nicht nur für die enge Zusammenarbeit, sondern auch für die Klärung und Auflösung von Meinungsverschiedenheiten und Interessensgegensätzen sind.

Das ist umso wichtiger, weil es in ehrenamtlichen Räumen oft keine hierarchischen Strukturen im Team gibt. Die Teams sind zumeist selbstorganisiert und alle agieren auf Augenhöhe, was einerseits gut ist, andererseits aber die Auflösung von Konflikten zusätzlich erschweren kann, wenn niemand da ist, der zwischen den Projektbeteiligten souverän vermittelt. Diese Aufgabe wird umso mehr bei der Projektleitung liegen. Insofern wird es auch wesentlich auf ihre Moderationsfähigkeiten ankommen.

Aufgabe der Projektleitung ist es ferner, stets den Überblick zu wahren und aufkeimende Diskussionen regelmäßig zur Ursprungsfrage zurückzuführen, damit der Kickoff zeitlich und inhaltlich nicht ausufert und es Zeit bleibt, die wesentlichen Themen zu besprechen. Gerade weil vielleicht unterschiedliche Zielvorstellungen und Erwartungen existieren, bietet sich eine konkrete Absprache unter all den genannten Aspekten spätestens hier nochmal an. Die Erwartungen im Team sollten formuliert werden, auch das trägt dazu bei, dass alle einander kennenlernen. Die Erwartungshaltung misst sich vor allem und gerade am Umfang der zu erfüllenden Aufgaben, deshalb sollte jede einzelne Aufgabe dahin gehend hinterfragt werden, welche wichtig und welche weniger wichtig ist und wo gegebenenfalls Kapazitäten für die gegenseitige Unterstützung geschaffen werden können. Hiervon hängen auch der zeitliche Spielraum bei jedem einzelnen sowie der Umfang der wahrzunehmenden Termine ab. Außerdem sollte geklärt werden, welche Informations- und Kommunikationskanäle gewünscht sind, in welcher Häufigkeit Treffen für alle sinnvoll erscheinen, wie und von wem im

Team protokolliert wird und welche Kontrollmechanismen als für alle verbindlich gelten sollen.

Die im Rahmen des Projektstrukturplans festgelegte Roadmap mit Etappen-zielen sollte allen noch einmal vor Augen geführt und die Verantwortlichkeiten und Kompetenzen mit allen klar und final geregelt werden. Zu guter Letzt soll-ten auch die vollständigen Kontaktdaten aller Beteiligten aufgenommen und allen bereitgestellt werden.

Es wird nicht immer alles von vornherein funktionieren. Das Team muss sich und ihre Arbeitsabläufe möglicherweise erst noch finden. Deshalb ist es nur rat-sam, geduldig zu bleiben. Der Verzicht, von Beginn an möglichst alle Aufgaben zu erfüllen oder unerfüllte Aufgaben auf andere Teammitglieder zu übertragen, kann anfangs die richtige Strategie sein. Mit zunehmender Projektdauer kann der Arbeitsrhythmus dann angepasst beziehungsweise intensiviert werden. Das kann natürlich zur Folge haben, dass die im Kickoff getroffenen Vereinbarun-gen in den nachfolgenden Meetings den Gegebenheiten angepasst und Regeln gegebenenfalls umformuliert oder optimiert werden müssen. Die Projektleitung sollte sich mit dem Team und ihren Bedürfnissen in den ersten Wochen intensiv auseinandersetzen, um Projektprozesse im Interesse aller zu verbessern.

Die Projektverwirklichung

8

In dieser Phase wird das Projekt realisiert, das heißt alle in der Vorbereitung geplanten Maßnahmen, die der Verwirklichung des Projekts dienen sollen, werden entsprechend umgesetzt. Ab diesem Zeitpunkt gibt es kein Zurück mehr. Wenn Unwägbarkeiten auftreten, deren Eintritt regelmäßig zu erwarten ist, dann sind diese aufzufangen. Im Idealfall hat die Projektleitung einen hinreichend zeitlichen und finanziellen Spielraum eingeplant. Gefragt ist hier ein „vorausschauendes Risikomanagement" (Klein, 2010, S. 57) mit Raum für Alternativ- und Notfallpläne und das daran anknüpfende Änderungsmanagement. „Dabei ist zunächst eine grundlegende Unterscheidung zwischen Kontrolle einerseits und Controlling andererseits zu treffen" (ebd., S. 201). Die Projektkontrolle besteht im Wesentlichen in einem Plan-Ist-Vergleich und will zunächst nur die Ursachen für die Planabweichung feststellen, während das Controlling in jeder Maßnahme, die Planabweichung zu korrigieren, besteht.

8.1 Projektkontrolle

Die Projektleitung ist dafür verantwortlich, dass das Projekt zum geplanten Termin ohne Budgetüberschreitungen und ohne Qualitätsverluste zum Abschluss gebracht wird. Grundlage hierfür ist der Projektablaufplan. Wie umfangreich das Kontrollsystem für Termine, Kosten, Aufwand, Leistungen und Qualität sein sollte, hängt von der Größe und Komplexität eines Projekts ab. Bei kleinen Projekten reicht „eine Checkliste mit den wichtigsten Soll-Ist-Terminen für die maßgebenden Aktivitäten" (Klose, 2008, S. 182).

© Springer Fachmedien Wiesbaden GmbH, ein Teil von Springer Nature 2021
L. Seyhan, *Projektmanagement im Ehrenamt*, essentials,
https://doi.org/10.1007/978-3-658-35036-9_8

8.1.1 Termin- und Kostenkontrollen

Das Projekt sollte in regelmäßigen Abständen daraufhin überprüft werden, dass es zeitlich im Plan ist und sich kostentechnisch im Budgetplan hält. Ist es komplex oder zeitkritisch, sollten die Kontrollabstände kürzer gehalten werden.

8.1.2 Ressourcenkontrollen

Gleiches gilt für die Ressourcenkontrollen. Auch diese sollten in regelmäßigen Intervallen erfolgen. Denn, wie bereits mehrfach angemerkt, ist die Projekttreue im ehrenamtlichen Raum eine äußerst fragile Angelegenheit. Da ist es gut, den Aufgabenstatus in einer gewissen Regelmäßigkeit ganzheitlich im Blick zu behalten.

8.1.3 Leistungskontrollen

Leistungskontrollen dienen dazu, den tatsächlichen Projektfortschritt zu messen. Zu diesem Zweck gibt es den sogenannten Projektstatus- beziehungsweise Fortschrittsbericht, in den die einzelnen Fortschritte einfließen. Dies ist zumindest bei größeren Projekten ratsam. Es geht hierbei weniger darum, einander dahin gehend zu kontrollieren, dass jeder einzelne der Projektbeteiligten die von ihm oder ihr geforderte Leistung erbringt, sondern vielmehr um eine korrekte Einschätzung über den tatsächlichen Entwicklungsstand des Projekts.

8.1.4 Qualitätssicherung

Die projektbezogene Qualitätssicherung ist eine interdisziplinäre Aufgabe und erfordert von allen Projektbeteiligten eine zur Erreichung der festgelegten Qualitätsziele entsprechende Mitwirkung, denn hierbei geht es nicht nur um die frühestmögliche Entdeckung von Fehlern, sondern auch um die Verhinderung von mangelhaften oder unvollständigen Leistungen, wodurch die Erreichung der Qualitätziele überhaupt erst gefährdet wird.

8.2 Projektsteuerung/-controlling

Anstelle der Projektsteuerung ist sehr häufig auch der Begriff des Projektcontrollings gebräuchlich, denn Controlling bedeutet übersetzt so viel wie „steuern, regeln, lenken" und fasst dementsprechend alle Maßnahmen zusammen, die für eine budget-, ziel- und termingerechte Realisierung des Projekts notwendig sind. Insoweit ist die Projektsteuerung nichts anderes als die Steuerung der für den Erfolg eines Projekts maßgeblichen Gradmesser Kosten, Zeit und Qualität. Die Qualität bemisst sich nach der Erreichung der Projektziele. Jede Veränderung bei einem dieser Faktoren hat einen Einfluss auf die anderen zwei Faktoren. Deshalb geht das Controlling über die Projektkontrolle wie zuvor erläutert hinaus und ist von einem steten Soll-Ist-Vergleich geprägt. Das bedeutet, dass die den Projektplan überwachende Projektleitung wenn nötig alternative Ausweichpläne erarbeitet und hierbei die Projektkennzahlen aktualisiert, den Arbeitsaufwand hinterfragt und Aufgaben aufhebt oder verändert, die Ziele anpasst, oder aber weitere Ressourcen finanzieller oder personeller Art organisiert. Schlimmstenfalls muss das Projekt abgebrochen werden, wenn sich herausstellt, dass die Planabweichung so groß ist, dass sie mit zusätzlichen Mitteln nicht mehr zu korrigieren ist.

> Die Beschaffung von zusätzlichen finanziellen Mitteln kann unmittelbar vor oder bereits nach Beginn der Projektverwirklichung äußerst problematisch werden, denn bei öffentlichen Fördermitteln ist es in der Regel so, dass die Bewilligung von Fördermitteln sehr häufig voraussetzt, dass sich das Projekt noch im Planungsstadium befindet. Bereits begonnene Projekte werden zumeist nicht mehr unterstützt. So verhält es sich bei Stiftungen in aller Regel nicht anders. Bei Unternehmen besteht hier noch eher die Chance einer Förderung auch nach Projektstart, allerdings kann die erfolgreiche Suche einen erheblichen Zeitaufwand beanspruchen.

8.2.1 Teammotivation und Teamführung

Damit es nicht schon von vornherein zu Planabweichungen kommt, sind eine gute Teammotivation und -führung wichtige Grundvoraussetzungen für eine planmäßige Projektverwirklichung.

8.2.1.1 Motivation

Engagementwillige Menschen nicht nur zu Beginn zur Mitwirkung in einem Projektteam zu motivieren, sondern während eines Projekts motiviert zu halten, ist die vielleicht größte Herausforderung der Projektleitung und folglich eine absolute Grundvoraussetzung dafür, dass das Projekt planmäßig umgesetzt werden kann. Das gilt gerade vor dem Hintergrund dessen, dass hier Menschen ihre persönliche Freizeit einsetzen und folglich ohne Vorwarnung aus dem Team jederzeit wieder ausscheiden können. Deshalb ist es wichtig, dafür zu sorgen, dass eine Identifikation mit dem Projekt entsteht. Zu diesem Zweck kann es von Vorteil sein, die unterschiedlichen Motivationsgründe der einzelnen Teammitglieder zu kennen und ihnen aufgrund dessen einen entsprechenden Raum zur Entfaltung zu geben, etwa durch Mitgestaltung des Projekts oder freie Entscheidungsräume.

Um ein Wir-Gefühl aufzubauen, das gerade im ehrenamtlichen Raum die nötige Projekttreue verspricht, bedarf es weiter eines vollumfänglichen Konzepts der Zusammenarbeit, die die Grundregeln für die Verlässlichkeit unter den Teammitgliedern festlegt. Was darunter zu verstehen ist, wurde bereits oben in Abschn. 4.1 erläutert. Darüber hinaus liegt es an der Projektleitung, diese Zusammenarbeit aktiv durch Autonomie für und Vertrauen in die Teammitglieder, durch einen effektiven Informationsfluss und durch eine Stärkung der gemeinsamen Werte zu fördern. Deshalb sollte die Projektleitung insbesondere zu Beginn, aber natürlich auch während der nachfolgenden Projektphasen Räume für Diskussionen ermöglichen. Dadurch finden die verschiedenen Sichtweisen und Wertevorstellungen der Teammitglieder einen Platz, um das nähere Kennenlernen untereinander und bessere Verständnis füreinander zu begünstigen. Gerade in ehrenamtlich geprägten Bereichen sind Begeisterung, Gefühle, Bedürfnisse und Sympathien Wesensmerkmale der Teamdynamik, wiederkehrende Konfliktsituationen deshalb nicht ausgeschlossen. Fingerspitzengefühl und Einfühlungsvermögen noch mehr als Durchsetzungskraft sind die Eigenschaften einer Projektleitung, auf die es sehr oft ankommt. Es gilt, die Teammitglieder nicht zu überfordern oder vor den Kopf zu stoßen, vielmehr ihre Motivation durch Geduld und ein angemessenes Maß an Arbeits- und Zeitaufwand sinnvoll zu nutzen. Deshalb kann es sehr sinnvoll sein, dem Team in den Sitzungen auch stets einen Raum zu gewähren, wo Probleme angesprochen werden können. Unter Umständen sollten vorliegende Probleme von der Projektleitung selbst angesprochen und nicht umgangen werden (s. dazu auch Redmann, 2018, S. 150).

Auch ist es eminent wichtig für die Projektleitung, sich nach dem Wohlbefinden der Teammitglieder zu erkundigen, weil auf diese Weise allen Teammitgliedern das Gefühl gegeben wird, eingebunden, erhört und ernst genommen zu werden. Das macht sich insbesondere dort bemerkbar, wo jüngere mit älteren

Teammitgliedern zusammenwirken. Letztere verfügen über Lebens- und Berufs-
erfahrung, folglich sind diese oftmals erprobter im selbstsicheren Umgang mit
anderen Menschen. Die Aufgabe der Projektleitung ist es dann, ein Wohlfühlklima
zu erzeugen. Bei größeren Themen bieten sich Sondersitzungen an.

8.2.1.2 Führungsstil

Der Begriff der Führung im ehrenamtlichen Raum ist nicht gleichzusetzen mit
der fachlichen Autorität, wie man sie aus dem Berufsleben kennt. Im Berufsleben
ist „das Führen von Mitarbeitern durch das Arbeitsverhältnis legitimiert, im freiwilligen Engagement gibt es jedoch keine derartigen vertraglichen Bindungen,
die dazu berechtigen. Und trotzdem wird ehrenamtliches Engagement fast ausschließlich in organisierter Form geleistet" (Redmann, 2018, S. 69/70), so dass
es auch hier stets jemanden mit herausgehobener Rolle gibt, der Entscheidungen
trifft und als Sprecher des Projektteams auftritt. Dieser Person ist in der Regel die
Hauptverantwortung für das Projekt übertragen worden.

Allerdings ist der Spielraum für die Art und Weise des Führens ehrenamtli-
cher Projektteams eng gesteckt, die Möglichkeiten an Führungsstilen von daher
klein und vielmehr von kooperativer oder partizipativer Form geprägt, was bedeutet, dass ehrenamtliche Projektteams zumeist gleichberechtigt zusammenwirken
und Entscheidungen gemeinsam treffen. Deshalb folgt aus der Anerkennung für
das hauptverantwortliche Teammitglied, Projektleitung zu sein, nicht per se eine
unbedingte Entscheidungslegitimation. Die Ausübung dieser Rolle ist eine Grat-
wanderung, die viel Fingerspitzengefühl und Einfühlungsvermögen verlangt, denn
die gegenseitigen Erwartungen im Projektteam sind stets an die ausschließli-
che Bedingung des respektvollen Umgangs der Projektleitung mit den übrigen
Teammitgliedern geknüpft. Am Ende fragt sich deshalb, wie die Projektleitung
ihre Aufgaben erfüllt, um sich so in die Lage zu bringen, das Projekt voran-
zutreiben. Denn die Kernaufgaben der Projektleitung auch in ehrenamtlichen
Projekten unterscheidet sich von denen vieler anderer Projekte nicht. Von der
Projektleitung eines gemeinnützigen Projekts wird neben Durchsetzungsvermö-
gen und konstruktiven Problem- und Konfliktlösungsfähigkeiten ebenfalls eine
gewisse Offenheit, Lernbereitschaft und Überzeugungskraft verlangt. Außerdem
sollte sie in der Lage sein, Verantwortung zu übernehmen und Entscheidungen zu
treffen, vor allem aber die Einhaltung von verbindlichen Vereinbarungen und Zielen sicherzustellen. Auch sollte sie für straffe Sitzungen und eine schnelle (nicht
überhastete) Entscheidungskultur sorgen, darüber hinaus eine sorgfältige Rege-
lung der Aufgaben, Kompetenzen und Verantwortungen vornehmen und einen
effektiven Kommunikationskanal aufbauen (siehe Kap. 7), der überhaupt erst ein
partizipatives Miteinander ermöglicht.

Die Erfüllung dieser Aufgaben erfolgt aber eben stets unter der Bedingung des gegenseitigen Respekts. Läuft es dann mal nicht, wie es sollte, kann die Projektleitung allenfalls an das allgemeine Pflichtbewusstsein der einzelnen Teammitglieder auf Basis der von allen gemeinsam entschiedenen Regeln appellieren.

8.2.1.3 Konfliktmanagement

Bei Konflikten ist grundsätzlich zwischen organisatorischen und sozialen Konflikten zu unterscheiden. Erstere dürften leichter zu lösen zu sein, weil sachlichen Unklarheiten bezüglich der Projektabläufe, Kompetenzen und Informationsversorgung mit schnellen Entscheidungen und Maßnahmen kurzerhand entgegengewirkt werden kann. Soziale Konflikte können hingegen tiefgreifender sein und einen Grad erreichen, wo sie nicht mehr zu lösen sind. Diese können ihre Wurzeln jeweils in der Rolle oder im Werteverständnis eines Projektmitglieds oder aber unlösbar in der zwischenmenschlichen Beziehung bestimmter Personen infolge von Neid, Antipathie oder Machteinfluss haben. Es gibt unzählige Gründe, die solche Konflikte auslösen können, manchmal sind diese auf ein Bündel von Faktoren zurückzuführen. Entscheidend ist, dass die Projektleitung den Konflikt früh genug erkennt und anspricht.

8.2.2   Krisenmanagement

Jedes Projekt kann von Krisen unterschiedlicher Art betroffen sein. Sie können plötzlich auftreten oder sich unerkannt entwickeln. Nach Kuster ist „eine Projektkrise eine Situation, in welcher der Projektfortschritt blockiert oder stark eingeschränkt und die Erreichung des Projektziels gefährdet ist." (Kuster et al., 2019, S. 474). Dies können etwa Überschreitungen des Budgets, das Fehlen der Unterstützung durch die Öffentlichkeit oder nachlassendes Engagement im Projektteam sein. Wenn sich eine solche Krise bereits in Ansätzen abzeichnet, ist es wichtig, entsprechende Gegenmaßnahmen gleich einzuleiten. Von selbst erledigen sich Krisen nicht.

8.2.3   Risikomanagement

Bereits zu Beginn eines Projekts, also nicht nur im Rahmen der konzeptionellen Arbeit (Abschn. 6.1.7), sondern auch schon bei der Entwicklung der Projektidee (Kap. 3) ist eine wesentliche Risikobetrachtung vorzunehmen, nach der beurteilt wird, welchen Gefahren der Projekterfolg von Beginn an ausgesetzt sein könnte. Weil aber Risiken in jeder Phase eines Projekts drohen können, ist ein sorgfältiges Risikomanagement in allen Phasen des Projekts durch eine ständige Projektumfeld-Analyse unabdingbar. Das bedeutet, dass die Projektleitung zusammen mit dem Team auf sich verändernde Umstände möglichst schnell reagiert, bei gravierenden und unerwarteten Ereignissen Alternativszenarien ausarbeitet und diese wenn nötig parallel verfolgt. Gerade bei großen Projekten können mehrere Handlungsalternativen bei wesentlichen Ressourcenkonflikten ratsam sein.

8.2.4 Projektänderungen

Änderungen im Projektumfeld oder im Projektteam selbst können Auswirkungen auf das Projekt haben. Welcher Art und wie groß die Auswirkungen sind, beantwortet die anschließende Ursachenanalyse. Stellt sich infolge dieser heraus, dass die Auswirkungen von nicht zu unterschätzender Art sind, weil etwa Teammitglieder ihre Mitwirkung einstellen, dadurch Aufgaben liegenbleiben oder Teilnehmer ausbleiben, aber für weitere Werbung oder Pressearbeit das nötige Budget oder Personal fehlt, dann kann es unter Umständen zwingend notwendig werden, den Projektplan mit den festgelegten Meilensteinen sowie die bis zu diesem Zeitpunkt erzielten Zwischenergebnisse zu hinterfragen und neu zu beurteilen. Das kann zur Folge haben, dass wenn eine Aktualisierung des bestehenden Projektplans nicht mehr möglich oder sinnig erscheint, dann beim aktuellen Projektstand einen Schnitt bei der Planung zu machen und ab diesem Zeitpunkt eine komplette Neuplanung zu erstellen (s. dazu auch Kuster et al., 2019, S. 182).

In diesem Zusammenhang wären dann neben den Meilensteinen auch die Arbeitspakete neu zu planen. Bei dieser Gelegenheit könnten Aufgaben weggelassen und Arbeitspakete gänzlich neu strukturiert werden, mit der Folge, dass dann auch die Projektorganisation anzupassen wäre. Hierbei könnte an der Entwicklung des Teams gefeilt und einer besseren Rollen-, Aufgaben- und Kompetenzregelung besondere Bedeutung beigemessen werden. Eine weitere Option könnte die (teilweise) Auslagerung von Aufgaben an Kooperationspartner sein.

> ▶ Scheuen Sie Änderungen nicht, auch dann nicht, wenn der Zeitdruck immer größer wird. Versuchen Sie darin vielmehr eine günstige Gelegenheit zu sehen, den Projektablauf- sowie Projektstrukturplan zu verschlanken und dadurch zu optimieren. Die Änderungen mit neuer Marschrichtung sollten Sie unbedingt dokumentieren und in Richtung aller Stakeholder kommunizieren.

8.2.5　Zusätzliche Steuerungsinstrumente

Als zusätzliche Steuerungsinstrumente wurden in Abschn. 6.2 bereits die Ideenliste und das Decision Diary vorgestellt. Neben dem Projektablaufplan könnte zusätzlich eine separate Job-Liste mit den jeweiligen Aufgabenpaketen geführt werden, die noch dazu eine Zuordnung der jeweils verantwortlichen Person, Erledigungstermine und weitere Informationen enthält. Solche Informationen könnten etwa der Hinweis auf bestimmte Protokolle sein, weil diese für den jeweiligen Bereich relevante Änderungen beinhalten. Diese Änderungen können Umbesetzungen, Rollenerweiterungen etc. sein.

▶　Das Vorliegen zu vieler Listen könnte das Projektteam überfordern. Halten Sie die Zahl der Listen eher gering und erstellen zusätzliche Listen nur dann, wenn es absolut Sinn macht oder dies vom Team gewünscht und beschlossen wird. Protokollieren Sie die Entscheidungen. Die meisten Informationen lassen sich ganz gut im Projektablaufplan festhalten, ob dieser nun in Excel oder in einem digitalen Tool erstellt wird.

8.3　Interne Kommunikation

Die Kommunikation und Information von Projektbeteiligten, Partner*innen und Förderern wird nicht selten als notwendiges Übel gesehen und läuft deshalb oft irgendwie nur nebenbei, dabei sollte sie aktiv und bewusst gestaltet sein. Hierbei unterscheidet man zwischen interner und externer Kommunikation.

Die interne Kommunikation zwischen den Projektbeteiligten erfordert in erster Linie eine umfassende Information der Teammitglieder einerseits und eine Beteiligung an Entscheidungsprozessen andererseits. Eine umfassende Information geschieht vor allem durch Transparenz, also die Zugänglichmachung aller Berichte und Dokumente sowie der regelmäßige Hinweis auf Ereignisse aller Art, die das Projekt betreffen. Insbesondere kann eine integrative Kommunikation unter den Teammitgliedern erheblich zum Projekterfolg beitragen, weil sie allem voran folgendes bewirkt: ein Wir-Gefühl, die die Projekttreue erheblich stützt. Bei kleinen Teams eignet sich ein direkter und einfacher Kommunikationsweg zum Beispiel über das Mailing. Je größer das Team ist, desto mehr bedarf es eines Kommunikationskonzepts auf Basis von zuvor vereinbarten Spielregeln.

Das gesamte System der internen Kommunikation kann wie folgt gegliedert werden.

8.3.1   Mündliche Kommunikation

Die erste Gruppe der Kommunikationsmittel ist die mündliche Kommunikation, bei der zwischen formeller und informeller Kommunikation unterschieden wird. Unter informeller Kommunikation versteht man den ungeplanten, meist spontanen Austausch. Beispielhaft sind Gespräche auf den Fluren oder am Kaffeeautomaten in der Küche.

Die formelle Kommunikation umfasst dagegen geplante Gespräche von einiger Dauer, Sitzungen, konkrete Problembehandlungen, Konfliktklärungen oder die sachliche Auseinandersetzung in Workshops. Daneben gibt es Sondersitzungen in Form von Entscheidungs- beziehungsweise Meilensteinsitzungen und Reviews. Der Vorteil der formellen Kommunikation liegt in erster Linie darin, dass man auf diese Weise Missverständnisse und Konflikte direkt und einfach ausräumen kann. Darüber hinaus kann man schnelles Feedback zu drängenden Fragen bekommen und zudem ein Gefühl der sozialen Zugehörigkeit erfahren. Insoweit sollten Sitzungen nicht nur kurz und schlank gehalten werden, sondern auch mehr Raum für individuellen Austausch und Wünsche zulassen. Ausnahmen davon bilden sowohl der Kickoff (Kap. 7) als auch der Kickout (Abschn. 9.9), wo es überwiegend um sachliche Fragen geht.

8.3.2   Elektronische Kommunikation

Neben der mündlichen Kommunikation gibt es auch die elektronische Kommunikation, so etwa das E-Mailing oder ins Internet verlagerte Calls etwa über Zoom oder Microsoft Teams. Alternativen zum herkömmlichen E-Mailing über Outlook, Web.de oder GMX sind zum Beispiel Tools wie Slack, Spike, Fleep oder Mattermost.

8.3.3   Projektdokumentation

Die Projektdokumentation hat eine doppelte Funktion. Zum einen ist sie im Sinne einer übersichtlichen Datenbank zu verstehen, die den Zugriff auf alle Berichte, Dokumente und Pläne möglichst schnell und für alle nachvollziehbar ermöglicht. Zum anderen hat sie die Funktion eines tagesaktuellen Berichtswesens, das der reibungslosen Projektsteuerung aus Sicht des gesamten Projektteams dient. Deshalb empfiehlt sich aus den genannten Gründen, alle das Tagesgeschäft

unmittelbar betreffenden Dokumente in einem zentralen Verzeichnis, dem sogenannten Projekthandbuch, abzulegen, während alle anderen Unterlagen in einem
separaten Verzeichnis gesammelt werden. „Das Projekthandbuch enthält alle
wesentlichen Informationen eines Projektes wie Organisationsstruktur, Zuständigkeiten oder aktueller Schriftverkehr, die ein*e Bearbeiter*in im Rahmen der
Projektabwicklung wissen muss" (Klose, 2008, S. 74).

8.3.4   Protokolle

Was die Protokollierung der Sitzungen betrifft, so sind stets kurze Ergebnis-
berichte ohne ausschweifende Erklärungen darüber, wie es zu dem einen oder
anderen Ergebnisentscheid gekommen ist, zu empfehlen. Eine kurze ergänzende
Erklärung, wo nötig, sollte in den meisten Fällen genügen. Die Berichtsdateien
sollten kurz und prägnant benannt werden und zudem mit einem Datum versehen
sein, damit die Berichte vom System auch gleich chronologisch sortiert werden.
Denn nicht immer erinnert man sich aller Ergebnisse und muss dann mal schnell
fündig werden. Meistens genügt hier schon der ungefähre Zeitraum, in dem das
Ergebnis protokolliert wurde. Hilfreich könnte außerdem eine ergänzende Liste
mit einem zeitlich sortierten Überblick aller Protokolle sein, auf der entsprechende Stichworte zu den jeweiligen Protokollen den nötigen Hinweis auf die
wesentlichen Entscheidungen bereithält.

8.4   Externe Kommunikation

Die externe Kommunikation betrifft zunächst die Information von Partner*innen
und Förderern. Darüber hinaus geht es bei ihr auch um presserelevante Informationen, die regelmäßig in Form von Pressemitteilungen versendet werden
(Abschn. 6.5.1).

8.4.1   Information

In der Kommunikation nach außen ist insbesondere die Information der Förderer und Kooperationspartner*innen über die aktuellen Projektentwicklungen sehr
wichtig. Das hat nicht nur den Zweck, der Informationspflicht diesen gegenüber
zu genügen, sondern auch eine Vertrauensbasis aufzubauen. Erfolgt sie in verläss-
licher Form, bewirkt sie durch Transparenz den so wichtigen Vertrauensvorschuss

beziehungsweise verhindert, dass dieser anfängliche Vertrauensvorschuss nicht gleich wieder verspielt wird. Aus diesem Grund sollte die regelmäßige und kontinuierliche Information der Partner*innen und Förderer beherzigt werden, zumal Förderer nicht selten auch in Entscheidungsprozesse integriert werden möchten. Deren Anliegen und Wünsche sollten entsprechend Berücksichtigung finden. Vor allem sollte damit nicht erst bis zum Eintritt eines Meilensteins, also eines besonderen Ereignisses zugewartet werden, sondern der kontinuierlichen Information wegen von Beginn an über aktuelle Handlungen und Verhandlungen informiert und auf Anschlussvorhaben hingewiesen werden. Hierher können auch Prognosen darüber, wann ein Ergebnis zu erwarten ist, gehören. Mit einem informativen Statusbericht wird so nicht nur Vertrauen aufgebaut, sondern bei einer Neuauflage eines Projekts zugleich auch die Chance einer neuerlichen Förderung gewahrt.

Eine einfache E-Mail genügt, um über die neuesten Entwicklungen oder etwaige Veränderungen im Projekt zu informieren. Es braucht hier keines Newsletters. Die Information sollte in einer gewissen Regelmäßigkeit erfolgen, spätestens zweiwöchentlich. Wichtig ist dabei, auf den Tenor der Information zu achten und keine Zweifel am Projekterfolg aufkommen zu lassen, denn Veränderungen im Projekt von einer gewissen Größe können alarmierende Wirkung haben und den Eindruck erwecken, als würde der Projekterfolg verfehlt werden. Deshalb ist es im Rahmen der Information von Förderern und Partner*innen geboten, auf alternative Lösungen, die erarbeitet wurden, um den Veränderungen entgegenzuwirken, sachlich und ohne Überspitzung hinzuweisen.

8.4.2 Öffentlichkeitsarbeit

In der Phase der Projektverwirklichung findet auch die Umsetzung aller Maßnahmenkonzepte statt, die im Zuge der Projektplanung für eine umfassende Öffentlichkeitsarbeit entworfen wurden (Abschn. 6.5). Sollte im Verlauf der Projektverwirklichung auffallen, dass an bestimmte Maßnahmen nicht gedacht wurde, so ist es sinnvoll, diese kurzerhand zu integrieren, sofern die dafür nötigen personellen oder finanziellen Ressourcen gegeben sind. Darüber hinaus können für das Engagement bestehender Organisationen „die großen kommerziellen Plattformen wie Facebook, Instagram, WhatsApp, Twitter und YouTube eine herausgehobene Rolle spielen" (BMFSFJ, Dritter Engagementbericht, S. 121).[1]

---

[1] Man denke darüber hinaus an Plattformen wie LinkedIn oder Xing. Hier finden Sie einige weitere: https://www.gruenderkueche.de/fachartikel/die-besten-10-soziale-netzwerke-und-wie-sie-sie-nutzen/, Zugriffsdatum: 15.06.2021.

Über diese Plattformen lassen sich nicht nur Informationen, Events und Aktivitäten rund um die Projekte in der Öffentlichkeit verbreiten, sondern auch eine direkte Kommunikation mit der Öffentlichkeit, so zum Beispiel mit Engagierten, Teilnehmer*innen oder Interessent*innen gepflegt werden, um auf diese Weise eine Identifikation mit dem Projekt zu erzeugen. Darüber hinaus gibt es auch Engagement-spezifische Plattformen.[2]

---

[2]Auf der Seite von helpteers finden Sie einen guten Überblick über die erwähnten Engagement-Plattformen: https://helpteers.net/info/plattformen/, Zugriffsdatum: 15.06.2021.

Der Projektabschluss

9

Ein Projekt wird viel zu oft vorschnell, meist schon nach Ende einer öffentlichen Veranstaltung, die den Höhepunkt der Projektverwirklichung markiert, für beendet erklärt, obwohl es noch eine Vielzahl von Pflichtaufgaben gibt, die abgewickelt werden müssen. Die ordnungsgemäße Nachbereitung des Projekts besteht nicht nur in der Erledigung organisatorischer Aufgaben und in der Betreuung von Förderpartner*innen und Teilnehmer*innen. Pflichten gegenüber Förderpartner*innen können auch die Zusendung von Zuwendungsnachweisen oder Dokumentationsberichten sein, auf die diese ihrerseits angewiesen sind. Gegenüber Teilnehmer*innen kann etwa die Nachbetreuung oder jedwede Form einer Kommunikation wichtig sein, weil dies Identifikation schafft und die Basis für die erfolgreiche Fortsetzung des Projekts bildet. Letzteres gilt nicht weniger für die Förderer, die sich eine Fortsetzung eines erfolgreichen Projekts häufig wünschen und diesbezüglich in Verbindung bleiben möchten.

9.1 Aufarbeitung

Im ersten Schritt der Projektnachbereitung geht es darum, sämtliche Unterlagen, die das Projekt betreffen, aufzuarbeiten, das heißt fachlich auszuwerten und zu archivieren, zugleich allgemein verfügbar zu machen. Der Sinn dieser Aufbereitung besteht darin, dass es „vor allem darum geht, durch raschen Zugriff auf vorhandene Lösungsansätze, Erfahrungen oder Musterunterlagen und deren Anwendung in der Projektbearbeitung in Zukunft Freiräume für die kreative Arbeit zu schaffen" (Klose, 2008, S. 210).

© Springer Fachmedien Wiesbaden GmbH, ein Teil von Springer Nature 2021
L. Seyhan, *Projektmanagement im Ehrenamt*, essentials,
https://doi.org/10.1007/978-3-658-35036-9_9

9.2   Restarbeiten

Alle noch offenen Restarbeiten und -aufgaben sind zu erledigen, möglichst
zeitnah, damit nichts in Vergessenheit gerät. Dazu gehören zum Beispiel die Über-
weisung von Honoraren, die Begleichung von Rechnungen, die Rückführung von
gemieteten Sachgegenständen und Geräten, der Versand von Dankesbriefen und
sonstigen Informationen.

9.3   Abschlussrechnung

Ganz wichtig ist auch die Erstellung einer detaillierten Abschlussrechnung mit
sogenanntem Verwendungsnachweis, also mit allen Einzelheiten und sämtlichen
Belegen. Auf diese Abschlussrechnung folgt eine „möglichst rasche und umfassende betriebswirtschaftliche Auswertung des Projekts zur Schaffung von internen
Basisdaten für die Kalkulation beziehungsweise Akquisition zukünftiger Projekte" (Klein, 2010, S. 59 und 238). Bei öffentlichen Zuwendungen müssen Sie ggf.
beachten, dass für Verwendungsnachweise oft Formblätter vorgegeben sind, dessen Bestandteile in aller Regel der inhaltliche Sachbericht und der rechnerische
Bericht durch Listung der Ein- und Ausgaben sind (s. auch Gerlach-March &
Pöllmann, 2019, S. 18).

9.4   Entlastung

Die Entlastung der Projektleitung sowie des Projektteams ist sehr wichtig, damit
diese nicht noch einige Zeit nach Ende des Projekts noch mit offenen Fragen kon-
frontiert bleiben, denn oft ist nach einiger Zeit vieles nicht mehr nachvollziehbar.
Deshalb ist es wichtig, dass sich die Projektleitung über das Ende des Projekts
bei Förderern oder etwaigen Auftraggeber*innen rückversichert beziehungsweise
mit diesen ein Projektende entsprechend vereinbart, so dass schließlich absolute Gewissheit darüber besteht, dass keine weiteren Aufgaben, Pflichten oder
Wünsche offenstehen.

9.5   Projektkonto

Es sollte auch an die Schließung des Projektkontos gedacht werden. Mit dessen
Schließung ist das Projekt formal abgeschlossen.

9.6   Öffentlichkeitsarbeit

Damit die Öffentlichkeit das Projekt als erfolgreich wahrnimmt, ist es wichtig, das Projekt beziehungsweise die Projektergebnisse entsprechend aufzubereiten. Hierzu rollt die Projektleitung die Entstehungsgeschichte des Projekts vollständig auf und bereitet eine gute PR-Story mit Emotionalität, Spannungsbogen und moralischen Aspekten vor. Damit ist gewiss keine Selbstbeweihräucherung gemeint, vielmehr die Erkenntnis aus der Tatsache, dass ein in aller Regel aus dem Nichts gestemmtes Projekt zum gewünschten Erfolg geführt wurde und eine entsprechende Würdigung verdient hat. Ebendas wird in der öffentlichen Wahrnehmung hochgeschätzt. Darin liegt die wahre Leistung, auf die ein Projektteam stolz sein und diese Erfahrung entsprechend mit der Öffentlichkeit teilen darf.

9.7   Projektabschlussbericht

Einer der zentralsten Abschlussaufgaben ist die Fertigung des Projektabschluss-berichts. Es wird nach ihm verlangt werden, sowohl vonseiten der Förderer und Auftraggeber*innen, soweit Letztere gegeben sind, als auch vonseiten der Behörden wie zum Beispiel dem Finanzamt, das von Vereinen zusätzlich zur Steuererklärung mit einer Einnahmen-Überschuss-Rechnung zumeist auch einen Tätigkeitsbericht verlangt. Außerdem kann ein solcher Bericht die Förderwürdig-keit eines Projekts im Rahmen einer neuerlichen Antragstellung unterstreichen.

In den Abschlussbericht sollte auch ein Pressespiegel mit den wichtigsten Presseberichten eingebaut werden. Gesichtspunkte der Verfahrens- und Verhal-tenskontrolle fallen hier weniger ins Gewicht, weil das ehrenamtliche Engagement anders als in der beruflichen Projektarbeit, wo zusätzlich die Team- und Mit-arbeiterleistungen innerhalb des betreffenden Projekts bewertet werden, keinem Pflichtenkomplex unterliegt. Deshalb genügt es hier, sich beim Abschlussbericht auf rein sachliche Aspekte zu beschränken. Probleme organisatorischer Art kön-nen durchaus angesprochen werden, aber interessant ist in diesem Zusammenhang dann oftmals, wie diese Probleme gelöst wurden. Ebendies verleiht einem ehren-amtlichen Team bei erfolgreicher Problemlösung den Stempel der professionellen Reife und schafft noch stärkeres Vertrauen in die Projektarbeit auch in Zukunft.

9.8   Ergebniskontrolle

Ein wichtiger Aspekt der Projektbeendigung ist eine umfassende Rückschau auf
alle Prozesse und Phasen des verwirklichten Projekts, um aus den gemach-
ten Projekterfahrungen für künftige Projekte zu lernen. Eine solche Rückschau
erfolgt durch eine Ergebnis- und Prämissenkontrolle. Die Ergebniskontrolle ana-
lysiert den Plan-Ist-Vergleich, während die Prämissenkontrolle danach fragt, ob
das Projektteam in der Projektplanung die richtigen Voraussetzungen für den
Erfolg geschaffen oder möglicherweise zu hohe Erwartungen hatte. Dementsprechend werden möglichst alle Aspekte des Projektverlaufs unter die Lupe
genommen wie zum Beispiel etwaige Kosten- oder Terminabweichungen, Mängel
im Informationsfluss oder in der Projektdokumentation, aber auch unzureichende
Aufgabenerfüllung und damit verbundene Zuarbeiten. Entscheidend hierbei ist
zu verstehen, welche Auswirkungen die daraus gewonnenen Erkenntnisse für
künftige Projektvorhaben hat.

9.8.1 Team

Die oben angesprochene Ergebniskontrolle findet in Form eines intensiven Soll-
Ist-Vergleichs zunächst innerhalb des Projektteams statt. Ausgangsfrage ist, ob
und wie zufrieden das Team mit den Projektergebnissen ist. War es weniger
oder gar nicht zufrieden, wird sodann über die nachfolgende Prämissenkontrolle
der Frage nachgegangen, woran es gelegen hat, ob also die Erwartungen unter
Umständen zu hoch und die anfangs gesetzten Projektziele ressourcenbedingt
schon gar nicht erreichbar waren. Es ist also wichtig herauszuarbeiten, was gut
und was schlecht gelaufen war, wo und warum es Probleme gab und ob diese
in welcher Weise gelöst werden konnten oder gar ungelöst blieben und was
zu guter Letzt an Lernerfahrungen für künftige Projektvorhaben daraus gezogen
wird. Es kann auch nützlich sein, im Abschlussmeeting bei den einzelnen Projektmitgliedern Feedback einzuholen beziehungsweise an alle einen Feedbackbogen
zu verteilen, der gegenseitiges Feedback und eine Analyse der Zusammenarbeit
zulässt.

9.8.2 Öffentlichkeit

Man kann den Blick natürlich auch auf die Öffentlichkeit richten und die Reak-
tion der Öffentlichkeit auf das Projekt hinterfragen. Welche Resonanzen gab
es vonseiten der Teilnehmer*innen, des Publikums, aber auch der Förder- und

Kooperationspartner*innen? Gab es eine Presseberichterstattung und wie war diese (Stichwort: „Medienresonanzanalyse", Abschn. 6.5.1)? Wichtig ist eben herauszufinden, ob die inhaltlichen Projektziele verstanden und akzeptiert worden sind.

9.9 Projektabschlusssitzung

Die Projektabschlusssitzung ist das allerletzte Meeting des Projekts. Die zuvor angesprochene Ergebnis- und Prämissenkontrolle wird im Rahmen dieser Abschlusssitzung, auch Kickout genannt, durchgeführt. Nach Betrachtung der Ergebnisse und einer anschließenden Ursachenanalyse ist die Zusammenarbeit des Projektteams danach gezielt aufzulösen und zu beenden.

Das Projektende sollte unter gar keinen Umständen einfach auslaufen, was viele Gründe hat. Ein solcher Abschluss wird nicht nur erwartet, gerade wenn hier Menschen über längere Zeit zusammengearbeitet haben und ein Gefühl der Zusammengehörigkeit entstanden ist. Vor allem ist es an dieser Stelle äußerst wichtig, die Leistungen des gesamten Teams mit einer aufrichtigen Danksagung angemessen zu würdigen. Gerade im ehrenamtlichen Raum ist die Danksagung die wichtigste Währung, was niemals vergessen werden sollte. Darüber hinaus empfiehlt sich eine anschließende Teamfeier, um auf diese Weise das Projekt nicht nur formal, sondern auch tatsächlich loszulassen.

9.10 Nachbetreuung

Eine Nachbetreuung von Teilnehmer*innen und Förderpartner*innen ist vor allem dann sinnvoll, wenn die Fortsetzung eines Projekts bereits feststeht. In einem solchen Fall geht es darum, durch die Aufrechterhaltung der Verbindung zu den Teilnehmer*innen und Partner*innen eine dauerhafte Beziehung zu diesen aufzubauen und so das Fundament für die erfolgreiche Fortsetzung des Projekts zu legen. Dies geschieht durch die Erarbeitung einer Kampagne, die in der Phase nach dem Projektende beginnt und in der Zeit bis zum Beginn des Folgeprojekts eine Reihe von Maßnahmen vorsieht, die vom Projektkernteam ergriffen werden. Solche Maßnahmen können zum Beispiel Hintergrundstorys, Aktivitäten der Projektvorbereitung, aktuelle Entwicklungen, Gewinnspiele oder schlichte Informationen über die Vorbereitung des Folgeprojekts sein. Die Möglichkeiten sind vielfältig. Wichtig ist nur, dass der Kontakt zu allen aufrechterhalten und die Webseite und Social-Media-Kanäle regelmäßig mit interessanten Inhalten bespielt werden.

Projektmanagement-Tools 10

Es gibt eine Vielzahl von Projektmanagement-Tools, die sehr nützlich sein können. Die Benutzung eines solchen Werkzeugs ist allerdings nur dann sinnvoll, wo alle Mitglieder des Projektteams davon Gebrauch machen. Das ist nicht der Fall, wenn viele der Projektprozesse nicht nur über das gewählte Tool, sondern auch über das Mailing und weitere andere Kanäle kommuniziert und zusätzlich noch aktualisierte Excel-Listen herumgeschickt werden. Deshalb der Rat an dieser Stelle, sich für *ein* Tool zu entscheiden und dieses für die Projektarbeit konsequent zu benutzen. Denn die Entscheidung für ein Tool ersetzt noch lange nicht den Workflow eines Teams, die Arbeitsprozesse müssen erst noch zusammenwachsen. Je früher also die Entscheidung für die Arbeit mit einem Tool fällt, desto sicherer ist auch die Beibehaltung dieser Arbeitsgrundlage.

Nun gibt es eine Vielzahl von Projektmanagement-Tools wie zum Beispiel Trello, Asana, Monday oder Zoho. Jedoch entsprechen nicht alle den Bedürfnissen und Gewohnheiten der Projektmitglieder gleichermaßen. Sämtliche Tools haben je nach den Wünschen und Bedarfen verschiedener Teams ganz unterschiedliche Stärken und Schwächen und halten dementsprechend ganz unterschiedliche Funktionen bereit, die sich mal mehr, mal weniger eignen. Die Abb. 10.1 gibt Ihnen einen Überblick über die Möglichkeiten ausgewählter Tools. Im Übrigen gilt: ausprobieren! Intuitiv erlernbare Tools werden erfahrungsgemäß am ehesten angenommen.

Neben Projektmanagement-Tools gibt es noch eine Reihe unterschiedlicher Kommunikationstools, die ergänzend oder ersatzweise herangezogen werden können. Zu nennen sind allen voran Slack oder Rooftop. Darüber hinaus gibt es Online-Whiteboards wie Miro, Collaboard, Microsoft Whiteboard oder Limnu. Die Möglichkeiten sind schon beinahe uferlos und erlauben jede Form der Zusammenarbeit. Deshalb macht es Sinn, dass sich die Projektleitung vorher möglichst viele Tools anschaut und danach beurteilt, welche Funktionen sich für die tägliche

L. Seyhan, *Projektmanagement im Ehrenamt*, essentials,
https://doi.org/10.1007/978-3-658-35036-9_10

Projektmanagement-Tools

Tools	Vorteile	Nachteile
Trello	- Einfache und übersichtliche Handhabe - Auf den ersten Blick nur Listen und Boards (Karten), aber mit vielen zusätzlichen Features	- Stößt schnell an seine Grenzen bei komplexen Projekten mangels Gantt-Charts und Ressourcen-Management
Asana	- Sehr populär, mit einfacher Bedienung - Umfangreiches PM-Tool: Listen, Karten, Gantt-Charts mit Kalenderfunktion etc. - Mit Echtzeitkommunikation und Projektportfolio	- Wirkt nur auf den ersten Blick überladen, verlangt aber Zeit für eine gute Einarbeitung
Bitrix24	- Sehr professionelles Tool, das über das reine Projektmanagement hinausgeht: z.B. CRM, Personal-Management - Umfangreich, mit Echtzeitkommunikation, Cloud basiert	- Eignet sich eher für Unternehmen mit komplexen Projekten, auch wenn in der kostenlosen Version viele Funktionen nicht angeboten werden
Freedcamp	- Nahezu umfangreiches PM-Tool	- In der Kostenlos-Version allerdings ohne Gantt-Diagramme - Zeit nötig, um sich zurechtzufinden

Weitere Tools: **monday, Celoxis, ClickUp, Smartsheet, Forecast.app, Kintone, Easy Projects, Ravetree, OpenProject, MeisterTask, GanttProject, Zoho Projects, Wrike, Libreplan, 2-Plan, Taiga.io, Nifty, Factro, Teamwork, Excel** etc.

Abb. 10.1   Übersicht der Projektmanagement-Tools

Zusammenarbeit im Projektteam am ehesten eignen und wie leicht die Arbeit mit diesem Tool fällt. Es ist wichtig, sich nicht allzu schnell dazu verleiten zu lassen, auf mehreren Plattformen zusammenzuarbeiten, sondern die Arbeitsprozesse simpel zu halten und auf eine einzige Plattform zu konzentrieren.

Was Sie aus diesem *essential* mitnehmen können

- Es ist wichtig, bereits in der Ideenphase Klarheit darüber zu gewinnen, was Sie und das Kernteam überhaupt wollen. Unterziehen Sie die Voraussetzungen der Projektwürdigkeit, Ihre Ansprüche und Erwartungen einer genauen Prüfung.
- Einer der wichtigsten Projektprozesse ist die Erarbeitung eines widerspruchslosen und überzeugenden Konzepts. Nehmen Sie diesen Teil sehr ernst.
- Überstürzen Sie den Projektbeginn nicht, lassen Sie sich Zeit bei Fragen der Umfeld- und Konkurrenzanalyse, der Projektorganisation und Konzepterstellung.
- Die wichtigste Aufgabe bei der Steuerung des Projekts ist es, den Überblick zu wahren. Das erfordert zum einen ein gutes Zeit- und Budgetmanagement, zum anderen die Ruhe und Bereitschaft, bei Engpässen Abstriche zu machen.
- Einer der Projektschwerpunkte sollte die Netzwerkarbeit sein. Unterschätzen Sie diese nicht, ganz im Gegenteil, schaffen Sie sich strategische Vorteile durch die richtigen Partnerschaften.

© Springer Fachmedien Wiesbaden GmbH, ein Teil von Springer Nature 2021
L. Seyhan, *Projektmanagement im Ehrenamt*, essentials,
https://doi.org/10.1007/978-3-658-35036-9

Literatur

Bemmé, S.-O. (2020). *Kultur-Projektmanagement – Kultur- und Organisationsprojekte erfolgreich managen* (2. Aufl.). Springer Fachmedien Wiesbaden GmbH.

BMFSFJ – Bundesministerium für Familie, Senioren, Frauen und Jugend. (2020). *Dritter Engagementbericht – Zukunft Zivilgesellschaft: Junges Engagement im digitalen Zeitalter.* Bundesministerium für Familie, Senioren, Frauen und Jugend (BMFSFJ).

BMFSFJ – Bundesministerium für Familie, Senioren, Frauen und Jugend. (2021). *Freiwilliges Engagement in Deutschland: Zentrale Ergebnisse des Fünften Deutschen Freiwilligensurveys (FWS 2019).* Bundesministerium für Familie, Senioren, Frauen und Jugend (BMFSFJ).

Drees, J., Lang, C., & Schöps, M. (2014). *Praxisleitfaden Projektmanagement* (2. Aufl.). Hanser.

Generali Deutschland Holding AG & Prognos AG. (Hrsg.). *Engagementatlas 2009 – Daten. Hintergründe. Volkswirtschaftlicher Nutzen.* o. V.

Gerlach-March, R., & Pöllmann, L. (2019). *Kulturfinanzierung* (2. Aufl.). Springer VS/Springer Fachmedien Wiesbaden GmbH.

Golinsky, F. (2020). *Moderne Vereinsorganisation* (2. Aufl.). Springer-Verlag GmbH Deutschland.

Institut für Demoskopie Allensbach. (2013). *Motive bürgerschaftlichen Engagements – Kernergebnisse einer bevölkerungsrepräsentativen Befragung.* o. V.

Klein, A. (2010). *Projektmanagement für Kulturmanager* (4. Aufl.). Springer VS/Springer Fachmedien Wiesbaden GmbH.

Klose, B. (2008). *Projektabwicklung.* mi-Fachverlag/FinanzBuch Verlag GmbH.

Kuster, J., et al. (2019). *Handbuch Projektmanagement* (4. Aufl.). Springer-Verlag GmbH Deutschland.

Redmann, B. (2018). *Erfolgreich führen im Ehrenamt* (3. Aufl.). Springer Fachmedien Wiesbaden GmbH.

Schawel, C., & Billing, F. (2018). *Top 100 management tools.* Springer Fachmedien Wiesbaden GmbH.

Scheller, K. (2016). *Prüfung der Vergabe und Bewirtschaftung von Zuwendungen – Typische Mängel und Fehler im Zuwendungsbereich* (2. Aufl.). Kohlhammer.

Seyhan, L. (2021). „Zuständigkeiten und Verantwortung". In *Bündnis für Demokratie und Toleranz. Praxisbroschüre „Begeisterung fürs Engagement – Menschen für die Mitarbeit gewinnen, betreuen und nachhaltig motivieren, insbesondere in Zeiten von Covid-19.*

© Springer Fachmedien Wiesbaden GmbH, ein Teil von Springer Nature 2021
L. Seyhan, *Projektmanagement im Ehrenamt*, essentials,
https://doi.org/10.1007/978-3-658-35036-9

Sieck, H., & Goldmann, A. (2014). *Erfolgreich verkaufen im B2B* (2. Aufl.). Springer Fachmedien Wiesbaden GmbH.

Printed in the United States
by Baker & Taylor Publisher Services